ACELERE

JOHN P. KOTTER

ACELERE

TENHA AGILIDADE ESTRATÉGICA NUM MUNDO EM CONSTANTE TRANSFORMAÇÃO

ALTA BOOKS
EDITORA
Rio de Janeiro, 2018

Publisher: Marcio Coelho
Coordenação de produção: Alexandre Braga
Tradução: Cristina Yamagami
Edição: Oliva Editorial
Revisão: Lizandra M. Almeida e Hed Ferri (Pólen Editoral)
Diagramação: Carolina Palharini e Carlos Borges
Capa: Carolina Palharini
Produção Editorial – HSM Editora - CNPJ: 01.619.385/0001-32

Dados Internacionais de Catalogação na Publicação (CIP)
Angélica Ilacqua CRB-8/7057

Kotter, John P., 1947-
Acelere: Tenha agilidade estratégica num mundo em constante transformação / John P. Kotter; tradução de Cristina Yamagami. - Rio de Janeiro: Alta Books, 2018.
208 p.

ISBN: 978-85-508-0621-1
Título original: *Accelerate: Building Strategic Agility for a Faster-Moving World*

1. Mudança organizacional 2. Planejamento estratégico 3. Administração de empresas I. Título II. Yamagami, Cristina

15-0576 CDD 658.4012

Índices para catálogo sistemático:

1. Mudança organizacional

Rua Viúva Cláudio, 291 — Bairro Industrial do Jacaré
CEP: 20.970-031 — Rio de Janeiro (RJ)
Tels.: (21) 3278-8069 / 3278-8419
www.altabooks.com.br — altabooks@altabooks.com.br
www.facebook.com/altabooks — www.instagram.com/altabooks

SUMÁRIO

PREFÁCIO

Estamos entrando em um território marcado por turbulências imprevisíveis e mudanças exponenciais para as quais não estamos preparados. Neste livro, descrevo o que alguns pioneiros fizeram para vencer, e vencer espetacularmente, nesse novo ambiente.

Acelere: Tenha agilidade estratégica num mundo em constante transformação explica como superar os desafios estratégicos com rapidez, agilidade e criatividade suficientes para que sua organização se beneficie de janelas de oportunidade que abrem e fecham muito mais rapidamente nos dias de hoje. Veremos como algumas organizações líderes e inovadoras conseguem permanecer à frente da concorrência acirrada, enfrentar uma turbulência sem precedentes e lidar com a constante ameaça de descontinuidades tecnológicas, tudo isso sem sacrificar os resultados imediatos ou exaurir suas equipes.

Minhas conclusões, apresentadas aqui, são fundamentais. O mundo está transformando-se com uma velocidade na qual as estruturas, culturas e sistemas do século passado não têm mais como corresponder às novas demandas. Ajustes incrementais em nosso modo de administrar e criar estratégias, por mais engenhosos que sejam, deixaram de ser suficientes. Precisamos revolucionar nossos conceitos para nos manter à frente nesta era de mudanças tumultuadas e incertezas cada vez maiores.

A solução não é jogar no lixo tudo o que sabemos e recomeçar do zero, mas sim reintroduzir organicamente um segundo sistema, algo que a maioria dos empreendedores de sucesso já conhece bem. O novo sistema agrega a agilidade e a velocidade necessárias para enfrentar o mundo em transformação, enquanto o sistema antigo, que continua em execução, proporciona confiabilidade e eficiência. Os dois juntos, um sistema dual, na verdade, são muito parecidos com o que todas as organizações maduras já enfrentaram em algum momento de seu ciclo de vida, mas não sustentaram (e já esqueceram dessa combinação há um bom tempo). Existe uma maneira prática de criar esse sistema operacional dual, que pode ser implantada sem consumir muitos recursos. Os resultados são gerados rapidamente. Já vi isso sendo feito e posso dizer que funciona.

Este projeto se baseia em pesquisas anteriores que realizei sobre a mudança em grande escala, um trabalho financiado pela Harvard Business School, onde leciono há muitas décadas. Uma descrição dessa pesquisa foi publicada pela primeira vez no meu livro *Liderando mudanças* (1996) e estendida com pesquisas de acompanhamento nos livros *O coração da mudança* (2002), *Nosso iceberg está derretendo* (2006), *A sense of urgence* (2008) e *Buy-in* (2010). Essas obras, por sua vez, se basearam nas minhas análises preliminares da liderança, que remontam a 1974, com o que talvez seja o relato mais importante sobre o tema, publicado em 1990 sob o título *A Force for Change: How Leadership Is Different from Management*. Às vezes, me espanto ao ver como as constatações desses estudos se mantêm firmes até hoje, como elas ainda continuam pertinentes, apesar de todas as mudanças enfrentadas pelos líderes de negócios (e líderes do governo, do terceiro setor e da educação). O que apresento neste livro complementa minha obra anterior. As novas realidades, neste caso, não significam que as velhas ideias perderam a validade. Pelo contrário, as novas constatações complementam as anteriores, nos levando a algumas inovadoras e excelentes ideias.

Até o presente projeto, todo meu trabalho passado, pesquisas que abrangem muitas décadas, seguiu a mesma fórmula: encontrar casos representativos dos 10% ou 20% dos *top performers*. Observar o que eles fazem. Conversar com gestores que viveram as situações em análise. E repetir o processo com os *performers* medianos e insatisfatórios. Procurar padrões que mostrem as diferenças. Descrever esses padrões com ênfase em fatores que podem ser modificados para transformar o desempenho mediano em alta performance ou elevar os resultados inferiores pelo menos até a média.

Neste projeto, pela primeira vez na minha carreira, tentei adotar uma fórmula diferente, de duas maneiras fundamentais. Começo procurando executivos que superam todas as expectativas. Essas pessoas constituem apenas o 1% superior ou, em outras palavras, são aquelas que atingiram um sucesso extraordinário adotando abordagens absolutamente inovadoras. Feito isso, observo outros profissionais (normalmente com a ajuda do grupo de consultoria Kotter International) tentando, com seu próprio estilo, replicar a atuação dos melhores executivos nos próprios setores de atividade ou organizações. Essa mudança foi mais ou menos como passar da pesquisa básica em uma empresa farmacêutica à pesquisa básica acompanhada de desenvolvimento de produtos e testes clínicos.

Este livro se volta aos líderes dispostos e capazes de aceitar a dura realidade do ambiente de negócios de hoje, saber que mudanças ousadas são necessárias e percorrer a jornada, abrindo o caminho para os outros. Espero que as histórias dos pioneiros de sucesso apresentadas aqui confirmem suas próprias decisões nesse sentido, dando-lhe a confiança necessária para avançar e inspirar a alcançar as ações tão necessárias. Não tenho qualquer dúvida de que é preciso fazer muito mais para construir organizações capazes de vencer hoje e voltar a vencer no futuro. É preciso fazer muito mais para criar economias prósperas, capazes de ajudar a conduzir bilhões de pessoas deste pequeno planeta a um futuro melhor e mais favorável.

Este trabalho foi formalmente financiado pela Kotter International – onde atuo como diretor de pesquisas –, que ajuda os pioneiros a colocar em prática os conceitos que apresento neste livro. Informalmente, Harvard continua a ser de grande ajuda, não mais pelo financiamento, mas com certeza comentando os manuscritos de livros dos alunos executivos e colegas do corpo docente.

Como sempre, muitas pessoas ajudaram a realizar este trabalho. Elas incluem, em especial, Dennis Goin e Randy Ottinger, da Kotter International, e Amy Bernstein e Jeff Kehoe, da Harvard Business Publishing.

um

OS LIMITES DA HIERARQUIA EM UM MUNDO CADA VEZ MAIS ACELERADO

Este é um livro sobre pioneiros, para pioneiros.

Os temas que abordo aqui giram em torno de uma única observação revolucionária: as organizações do mundo todo estão tendo dificuldade de acompanhar o ritmo acelerado das mudanças, e muito mais de se adiantar a elas.

A maioria das pessoas ainda não se conscientizou plenamente da força dessa onda de transformações, o que é uma parte do problema. Objetivamente, contudo, os dados são convincentes. Quase todos os índices de negócios importantes mostram que o mundo avança em uma velocidade alucinante. Os riscos – as consequências financeiras, sociais, ambientais e políticas – também crescem exponencialmente.

NÃO IMPORTA COMO VOCÊ OLHA PARA ELE, O MUNDO ESTÁ SE MOVENDO MAIS RÁPIDO

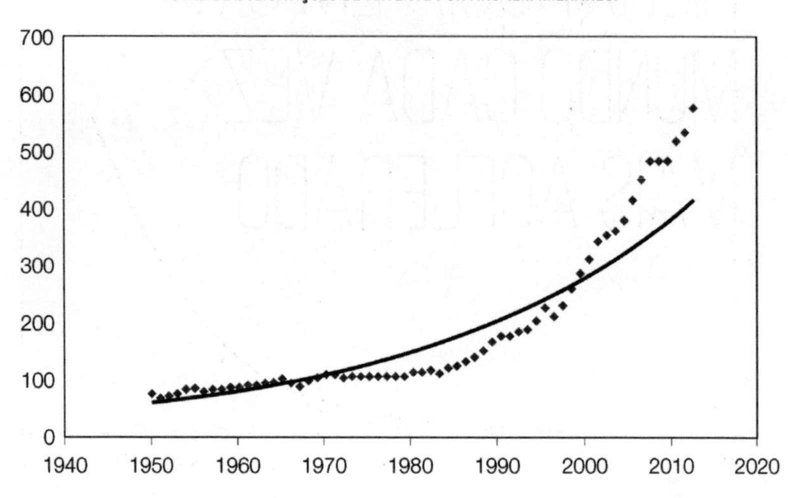

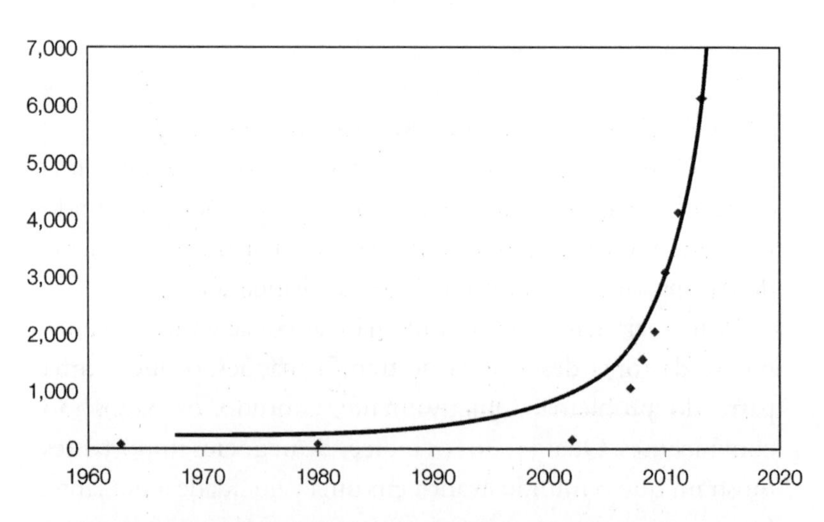

Fontes: Gabinete de Patentes e Marcas Registradas dos Estados Unidos (patentes registradas), vários arquivos (armazenamento em disco rígido).

AÇÕES NEGOCIADAS NA BOLSA DE VALORES DE NOVA YORK ANUALMENTE (EM BILHÕES)

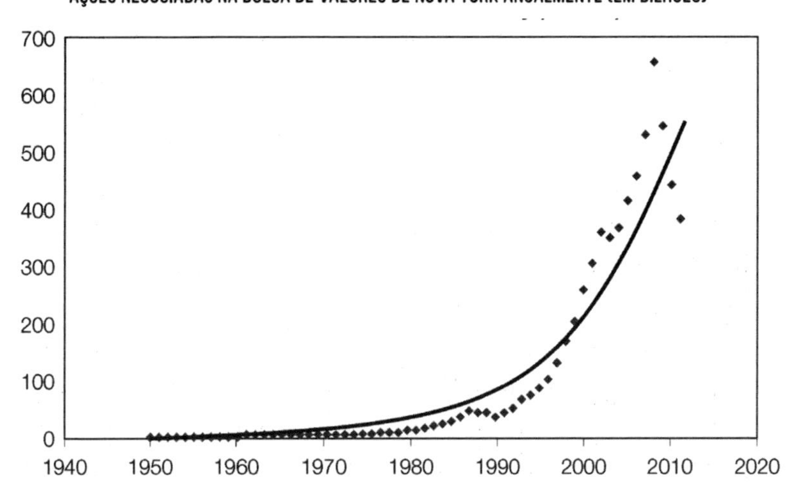

TAXA DE VARIAÇÃO

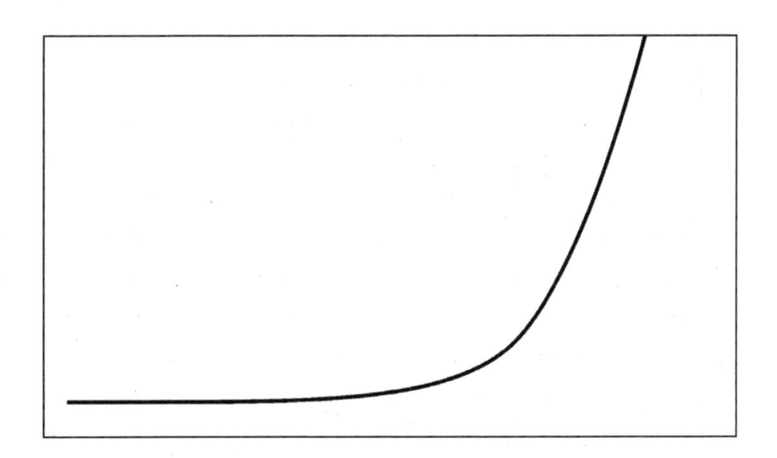

Fonte: Bolsa de Valores de Nova York (volume de ações negociadas).

Nesse novo mundo, a grande questão diante dos líderes de negócios do mundo todo é como se manter competitivo e crescer de modo rentável em meio a uma turbulência e desestabilização cada vez maiores. O problema mais fundamental é que qualquer empresa que tenha passado do estágio de *startup* está muito mais preparada para a eficiência do que para a agilidade estratégica – a capacidade de capitalizar as oportunidades e evitar ameaças com rapidez e segurança. Eu poderia dar uma centena de exemplos de empresas que, como a Borders and Research in Motion (RIM), reconheceram a necessidade de realizar uma grande manobra estratégica, mas não conseguiram se mobilizar com rapidez suficiente para fazer as mudanças e acabaram sentadas nas arquibancadas, enquanto apanhavam feio das concorrentes mais ágeis. Essas histórias são sempre iguais: uma organização que de repente se vê diante de uma ameaça concreta ou fica de olho em uma Grande Oportunidade, tenta fazer grandes mudanças usando estruturas, processos e métodos que funcionaram bem no passado. Mas as velhas maneiras de elaborar e executar novas estratégias estão perdendo a eficácia.

As empresas raramente costumavam repensar suas estratégias básicas, apenas quando eram forçadas a isso. Hoje em dia, qualquer empresa que não repensar seu direcionamento pelo menos em um intervalo de poucos anos (além de se ajustar constantemente aos contextos em mutação) e que não fizer rapidamente as mudanças operacionais necessárias, estará se colocando em risco. Isso é o que um mundo que se movimenta com mais rapidez está fazendo conosco. No entanto, como qualquer líder empresarial atestará, a tensão entre o que é preciso fazer para ficar à frente de uma concorrência cada vez mais acirrada, por um lado, e a necessidade de atingir as metas do ano, por outro, pode ser esmagadora.

Não podemos desconsiderar as demandas diárias de gestão de uma empresa que as hierarquias e os processos administrativos tradicionais ainda conseguem atender muito bem. O que eles *não* fazem bem é identificar a tempo os perigos e oportunidades mais importantes, formular com agilidade iniciativas estratégicas inovadoras e, especialmente, executar essas iniciativas com rapidez suficiente.

DE REDES A HIERARQUIAS

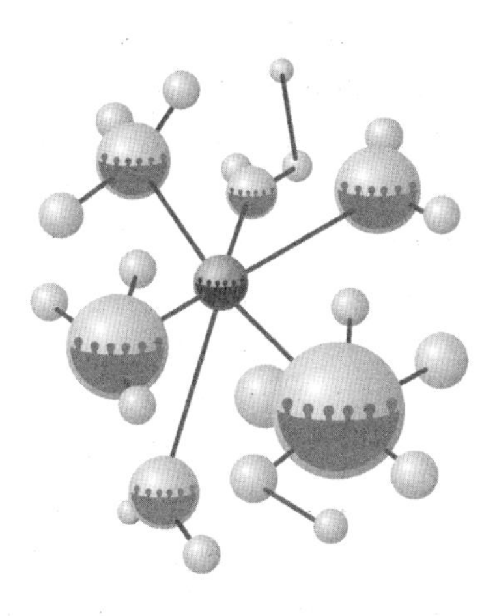

Praticamente, todas as organizações de sucesso no planeta têm um ciclo de vida bem parecido. Elas começam com uma estrutura similar a uma rede, uma espécie de sistema solar com um sol, planetas, luas e até satélites. Os fundadores se posicionam no centro. Outros elementos se colocam em vários nós da rede, trabalhando em diferentes iniciativas. A ação se volta a buscar oportunidades e correr riscos, tudo orientado por uma visão compartilhada por todos. Os colaboradores, energizados, agem com rapidez e agilidade.

Com o tempo, uma organização de sucesso avança por uma série de estágios (aprofundarei mais esse importante tema mais adiante) e evolui para se transformar em um empreendimento estruturado hierarquicamente e orientado por processos administrativos bem conhecidos: planejamento, elaboração de orçamentos, definição de cargos, seleção e alocação de pessoal, mensuração de resultados, resolução de problemas. Com uma hierarquia bem estruturada e processos administrativos bem conduzidos, essa organização mais madura pode produzir resultados incrivelmente confiáveis e eficientes todas as semanas, trimestres e anos.

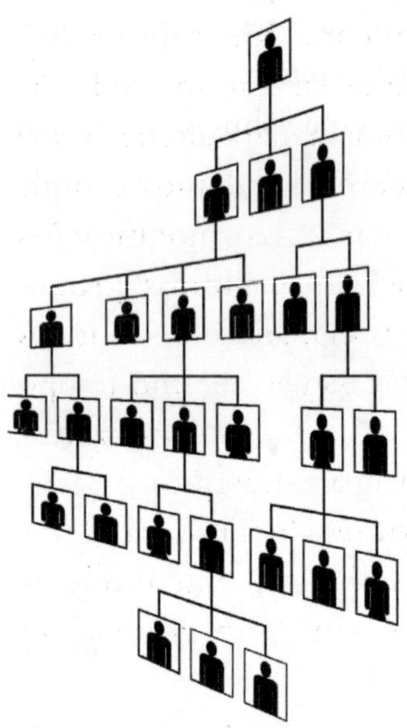

Uma hierarquia bem concebida nos permite categorizar o trabalho em departamentos, divisões de produtos e regiões, nos quais uma *expertise* robusta é desenvolvida e cultivada, procedimentos testados e comprovados são aplicados e as relações de subordinação e de prestação de contas são claras. Alie tudo isso a processos administrativos capazes de orientar e coordenar as ações dos colaboradores – até milhares deles espalhados pelo mundo –, e um sistema operacional como esse permitirá que os profissionais façam excepcionalmente bem o que eles já sabem fazer.

Há quem descarte isso tudo como um mero remanescente burocrático do passado, incompatível com as necessidades do século 21. Seria melhor se livrar de vez desse aparato obsoleto. Colocá-lo por terra. Recomeçar do zero. Organizar-se como uma teia de aranha. Eliminar a média gestão e deixar o pessoal gerir a si mesmo. A verdade, contudo, é que as hierarquias focadas na gestão que as melhores empresas usam – e às quais nós deixamos de dar o devido valor – constituem uma das inovações mais incríveis do século 20. E continuam sendo absolutamente necessárias para o funcionamento das organizações.

Uma parte de seu incrível valor é que elas podem ser aprimoradas para lidar com as mudanças, indo além da mera repetição, pelo menos até certo ponto. Aprendemos a lançar novas iniciativas em um sistema hierárquico para nos encarregar de novas tarefas e melhorar o desempenho de iniciativas antigas. Sabemos como identificar novos problemas, encontrar e analisar dados em um mercado dinâmico e realizar estudos de viabilidade para alterar o que produzimos, como produzimos, como vendemos e onde vendemos. Aprendemos a executar essas modificações acrescentando forças-tarefa, equipes especializadas, grupos de gerenciamento de projetos e patrocinadores executivos das novas iniciativas. Podemos fazer isso ao mesmo tempo em que cuidamos do trabalho do dia a dia da organização, já que essa metodologia de mudança estratégica é facilmente incorporada por uma estrutura hierárquica e por processos administrativos básicos. E é justamente o que os líderes executivos do mundo todo têm feito de maneira ampla, ano após ano.

Todos os levantamentos feitos com executivos que vi na última década confirmam que eles estão lançando mais iniciativas estratégicas do que nunca. Os bons líderes sempre tentaram melhorar a produtividade, mas agora eles estão tentando inovar com uma rapidez cada vez maior. Quando as culturas organizacionais históricas, formadas ao longo de muitos anos ou décadas, desaceleram a ação, líderes impacientes tentam mudá-las. O objetivo de tudo isso, naturalmente, é acelerar o crescimento rentável para acompanhar ou ultrapassar a concorrência.

No entanto, esses mesmos levantamentos demonstram que o sucesso desse tipo de iniciativa costuma ser fugaz. Uma recente iniciativa de mudança implementada pela JCPenney, por exemplo, pareceu excepcionalmente promissora... por alguns meses. Depois de um tempo, todos os vários projetos estratégicos começaram a desmoronar.

LIMITES DAS HIERARQUIAS FOCADAS NA GESTÃO

Todo mundo conhece as frustrações da realidade anteriormente citada.

Você se vê recorrendo, vez após vez, ao mesmo grupinho de pessoas de confiança para liderar iniciativas cruciais. Isso impõe claras restrições ao que pode ser feito e à velocidade das ações.

Você descobre que a comunicação entre silos – ilhas funcionais em que um conjunto de atividades é executado dentro de um departamento (contas a pagar, compras, atendimento etc.) sem que ocorra uma interação frequente e ágil com as funções exercidas por outras áreas – não ocorre com a rapidez e a eficácia suficientes. O mesmo se aplica às informações que fluem de cima para baixo e de baixo para cima na organização. O resultado é uma desaceleração ainda maior.

Você descobre que as políticas, normas e procedimentos, até os mais lógicos, se transformam em barreiras à velocidade estratégica. Essas barreiras, originalmente implementadas como soluções para problemas concretos de custo, qualidade ou conformidade, inevitavelmente crescem com o tempo. E em um mundo em rápida evolução, elas se tornam, no mínimo, solavancos na estrada, se não sólidas barreiras de concreto.

Percebe-se que o foco imediato nos resultados trimestrais entra em conflito com a orientação para o futuro e o ímpeto de ultrapassar a concorrência. Em uma reunião para discutir um grande programa voltado a estender as iniciativas de inovação e as ações de limpeza a serem realizadas depois de um incêndio em uma de suas fábricas, você sabe qual tema ocupará a maior parte das discussões. Multiplique essa tendência básica por cem ou mil e é inevitável que tantas ideias para aumentar a capacidade de inovar e vencer de uma organização fiquem atoladas na lama ou morram na praia.

Parte do problema é político e social: as pessoas costumam relutar em correr riscos sem a permissão dos superiores. Parte dessa relutância é simplesmente um resultado da natureza humana: as pessoas se apegam a seus hábitos e temem perder poder e *status*.

Complacência e adesão insuficiente, que são produtos típicos do sucesso passado, complicam ainda mais as coisas. Uma pequena dose de complacência já leva as pessoas a acharem que não é preciso se modificar, e elas começam a resistir à mudança. Com uma adesão insuficiente, elas podem até acreditar na necessidade da mudança, mas não nas iniciativas estratégicas lançadas pela alta gestão. Essas duas atitudes paralisam a aceleração.

Pode ser tentador simplesmente culpar as pessoas pelos problemas: os gestores de nível médio obcecados por controle ou os executivos focados na própria carreira. A realidade, contudo, é que o problema é *sistêmico* e está diretamente relacionado às limitações impostas pela estruturação da hierarquia e dos processos básicos de gestão.

Os silos constituem parte inerente dos sistemas operacionais hierárquicos. Eles até podem ter paredes mais finas e os líderes podem até tentar fazer com que sejam menos "bairristas", mas não há como eliminá-los. O mesmo pode ser dito das regras e procedimentos: podemos reduzir seu número, mas sempre precisaremos deles. A lista de problemas semelhantes é extensa. Os níveis hierárquicos podem ser reduzidos, mas não eliminados. As pessoas podem ser orientadas a não ignorar os objetivos de longo prazo, mas não é possível simplesmente eliminar as metas trimestrais. Esses e outros fatores são parte inerente do sistema e, como seria de se esperar, acabam se transformando em âncoras para as iniciativas de acelerar a agilidade estratégica e a execução da estratégia em um mundo cada vez mais rápido.

AÇÕES NEGOCIADAS NA BOLSA DE VALORES DE NOVA YORK ANUALMENTE (EM BILHÕES)

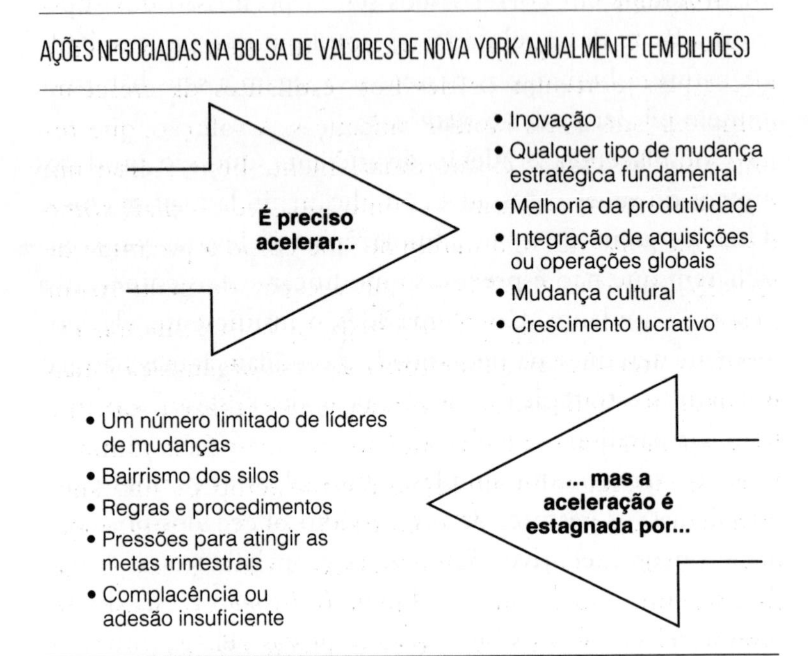

Os bons líderes sabem de tudo isso, mesmo que apenas intuitivamente, e tentam compensar os problemas com melhorias voltadas à aceleração. Eles criam todo tipo de equipes de gerenciamento de projetos para se encarregar dos projetos especiais. Usam forças-tarefa interdepartamentais para cruzarem as fronteiras entre os silos. Contratam consultores de estratégia ou montam departamentos de planejamento estratégico para se concentrar nas questões de longo prazo. E incorporam o planejamento estratégico ao planejamento operacional anual. Desenvolvem competências de gestão de mudanças para vencer a complacência, reduzir a resistência e aumentar a adesão. Quando bem executadas, essas e outras melhorias até podem reduzir a estagnação e aumentar a velocidade e a agilidade, *mas só até certo ponto.*

Nos dias de hoje, precisamos de um elemento novo e eficaz para enfrentar os desafios resultantes da crescente complexidade e das rápidas mudanças. A solução, que tenho visto funcionar extraordinariamente bem, é criar um segundo sistema organizado como uma rede – mais como o sistema solar de uma *startup* do que como a pirâmide de uma organização madura –, que é capaz de gerar maior agilidade e velocidade. Essa estrutura complementa, em vez de sobrecarregar, a hierarquia de uma organização mais madura, liberando-a, desse modo, para realizar o que ela foi preparada para fazer. Com isso, fica mais fácil administrar um empreendimento e, ao mesmo tempo, a mudança estratégica é acelerada. Não é questão de "um sistema excluir o outro", mas de incluir os dois: seriam dois sistemas funcionando em harmonia. Em outras palavras, a solução envolve a criação de um sistema operacional dual.

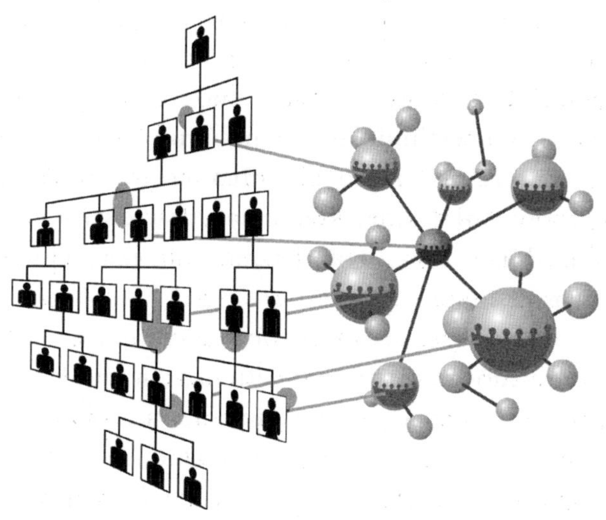

UM NOVO DIRECIONAMENTO

Gostaria de deixar claro que não estou falando de forças-tarefa interdepartamentais cada vez mais grandiosas, novas equipes estratégicas seguindo novos modelos, comitês de inovação, equipes de trabalho autogeridas, políticas que dão às pessoas tempo para trabalhar nos próprios projetos criativos ou todas as alternativas anteriores juntas. Essas iniciativas podem até ajudar a organização a avançar na direção certa, mas ainda não passam de meras melhorias de um sistema único. Estou falando de uma ideia mais ampla, com raízes em estruturas, práticas e mentalidades conhecidas.

A maioria das *startups* se organiza em rede porque precisa ser ágil, rápida e criativa para alavancar as oportunidades. Até em organizações maduras, redes informais de agentes de mudanças costumam agir sem que sejam notadas pela hierarquia, com o intuito de acelerar o desenvolvimento de algo novo. O que descrevo aqui também reflete grande parte do pensamento de gestão mais interessante das últimas décadas – da advertência de Michael Porter de que as organizações precisam prestar atenção à estratégia de maneira muito mais explícita e frequente, até os *insights* de Clayton Christensen sobre como as empresas lidam mal com as descontinuidades tecnológicas inerentes a um mundo cada vez mais rápido, e a obra recente do ganhador do Prêmio Nobel, Daniel Kahneman, descrevendo o cérebro como dois sistemas coordenados, um mais emotivo e outro mais racional.

Os processos executados na nova estrutura de rede são menos parecidos com a gestão sistemática (que cria confiabilidade e eficiência) e mais similares à mobilização da liderança (que cria velocidade e agilidade). Esses processos se baseiam no método de oito etapas que documentei, pela primeira vez, quinze anos atrás, no meu livro *Liderando mudanças*, ao estudar o sucesso de modificações em grande escala. A nova parte de um sistema operacional dual, a rede, pega essas etapas e lhes confere um enorme ímpeto. Isso é feito ao se permitir que um número muito maior de pessoas se torne agente ativo da transformação, que pode então avançar muito mais rápido. Um senso de urgência estratégica muito mais eficaz é imbuído na organização, não só em um sentido geral, mas centrado em uma Grande Oportunidade. E, depois que começam a lidar com um desafio estratégico específico, esses processos se mantêm continuamente em movimento. Eles se tornam Aceleradores permanentes, criando e mantendo uma cultura de agilidade e velocidade na organização.

O direcionamento que proponho neste livro – e que alguns pioneiros já adotaram – resolve problemas que passaram décadas nos importunando.

As pessoas passaram um quarto de século falando sobre a necessidade de aumentar o número de líderes, porque, em um mundo turbulento, dois ou três altos executivos não têm como dar conta de tudo em uma organização. No entanto, muito poucos cargos em organizações hierárquicas tradicionais proporcionam as informações e a experiência necessárias para ajudar as pessoas a se tornarem líderes. E as soluções disponíveis – cursos de liderança, por exemplo – são claramente inadequadas se aplicadas isoladamente, porque a maioria das perspectivas e habilidades complexas é desenvolvida na prática, não em sala de aula.

Na última década, o uso do termo "inovação" aumentou exponencialmente em relatórios e reuniões. Mas quantas organizações você conhece que possuem áreas de finanças, cadeias de suprimento ou departamentos de TI inovadores? Criticamos os gestores por serem banais ou míopes, mas dê uma olhada no sistema em que eles são obrigados a atuar. Hierarquias com excelentes processos de gestão e bons líderes no topo não são feitas para mergulhar em um futuro criativo. A inovação implica riscos, requer pessoas dispostas a pensar fora da caixa, perspectivas de vários silos diferentes e muito mais. As hierarquias focadas na gestão foram feitas para minimizar os riscos e manter as pessoas dentro de suas caixas e silos. Promover uma mudança mais do que incremental é uma batalha perdida.

Autores passaram cinquenta anos escrevendo sobre como despertar o potencial e a paixão das pessoas e canalizar a energia necessária para resolver os maiores problemas de negócios. Mas quem, fora do mundo das *startups*, conseguiu fazer isso? São raros os que conseguem fazê-lo porque eles atuam em um sistema criado para realizar o trabalho de hoje, um sistema que orienta a maioria dos colaboradores, em geral com boas intenções, a ficar de cabeça baixa, obedecer ordens e trabalhar de maneira repetitiva.

Os executivos passaram anos resmungando sobre a indústria da consultoria estratégica, cujos relatórios em geral prescindem de identificar e, especialmente, deixam de implementar estratégias para adequar melhor a organização ao cenário competitivo em evolução. O relatório de um consultor – só lógica e pouco coração, com a previsão de onde a organização poderá prosperar daqui a dois, cinco ou dez anos, elaborado por *outsiders* competentes e com recomendações implementadas de forma linear por um número limitado de gestores designados para isso – tem cada vez *menos* chances de levar a um sucesso verdadeiramente notável, em um mundo cada vez mais veloz e imprevisível.

E o mais fundamental: as pessoas passaram pelo menos vinte anos estudando e escrevendo sobre a velocidade crescente do mundo dos negócios e a necessidade de as organizações serem mais rápidas e muito mais ágeis. Os gritos de alarme estão cada vez mais ruidosos. Em um levantamento realizado pela divisão de pesquisas do *Financial Times* e uma empresa de consultoria com gestores e executivos, mais de 90% dos respondentes disseram que a importância da "agilidade e da velocidade aumentou nos últimos cinco anos". A resposta mais frequente dos respondentes para a pergunta "Como suas fontes de vantagem competitiva mudarão nos próximos quinze anos?" foi "A capacidade de resposta às mudanças do ambiente". Mas quem conseguiu apresentar uma resposta verdadeiramente rápida e ágil às mudanças, tirando algumas pequenas empresas de alta tecnologia? Não dá mais para melhorar a situação fazendo ajustes na metodologia tradicional ou turbinando um sistema hierárquico. É como tentar amarrar um motor de foguete em um elefante para ele correr mais rápido. Boa sorte.

E AGORA?

E agora, o que o futuro nos reserva? No próximo capítulo, descreverei as características de um sistema operacional dual, sua estrutura hierárquica e de rede, os princípios básicos que fundamentam a eficácia desse tipo de sistema, os Aceleradores e as pessoas que fazem tudo isso funcionar. Em seguida, no Capítulo 3, vou contar a história de uma empresa que enfrentou os riscos de operar em um mundo cada vez mais rápido e como eles são muito maiores do que a maioria das pessoas percebe. No Capítulo 4, explicarei por que as melhores práticas hierárquicas atuais ainda existem e por que elas não podem nos proteger dos riscos inerentes aos desafios estratégicos em rápida evolução. No Capítulo 5, veremos como uma empresa criou um sistema dual e como isso afetou os negócios. Por fim, nos capítulos

6 a 8, investigaremos os detalhes de como as empresas podem começar a criar um sistema dual.

As realizações notáveis que descrevo neste livro são reais. Não só ouvi falar delas, mas as vi com meus próprios olhos. Os pioneiros que entraram por esse caminho ainda são raros, mas estão nos ajudando a descobrir o que é possível e necessário fazer. Eles estão mapeando o que, na minha opinião, acabará sendo o futuro de todos. Temos muito a aprender com esses pioneiros e precisamos aprender essas lições agora.

dois

CONQUISTE AS OPORTUNIDADES COM UM SISTEMA OPERACIONAL DUAL

Parece que a cada semana são propostas novas ferramentas de gestão no sentido de encontrar uma vantagem competitiva ou de lidar com as demandas do século 21. O que o conceito de sistema operacional dual (também chamado de sistema dual) tem de diferente? Em primeiro lugar, um sistema dual se concentra mais em iniciativas estratégicas de ponta para capitalizar grandes oportunidades ou contornar ameaças significativas e foca menos nos processos de gestão. Em segundo lugar, embora o conceito de sistema dual seja uma ideia nova, ele representa uma forma de operar que passou anos fora da vista de todos. Todas as organizações de sucesso atuaram mais ou menos do modo como descrevo neste livro, no período de crescimento mais dinâmico de seu ciclo de vida. Elas só não estavam cientes disso e não mantiveram esse sistema quando amadureceram.

A ESTRUTURA DO SISTEMA DUAL

A estrutura básica dispensa maiores explicações: hierarquia de um lado e rede do outro. O lado da rede imita os empreendimentos de sucesso em sua fase empreendedora, antes de se firmarem os organogramas, com suas relações de subordinação e as descrições de cargo e dos níveis hierárquicos formais. Essa estrutura é mais ou menos parecida com um sistema solar em constante evolução, com um mecanismo orientador atuando como o sol, as iniciativas estratégicas agindo como planetas e subiniciativas comportando-se como luas ou satélites.

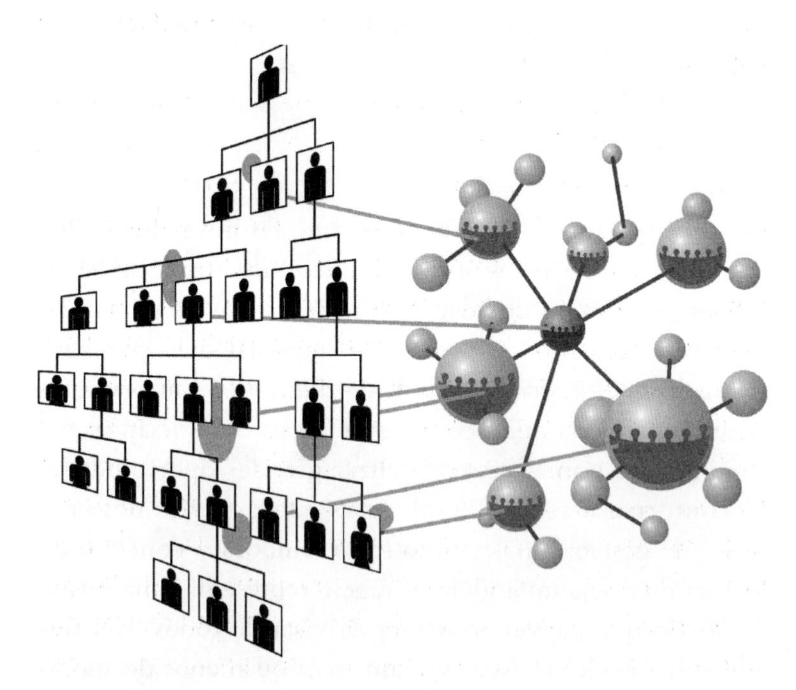

Essa estrutura é dinâmica, com iniciativas e subiniciativas se aglutinando e se dispersando conforme necessário. Ao contrário de uma hierarquia típica, que tende a não mudar muito de um ano ao outro, esse tipo de estrutura em rede normalmente se transforma o tempo todo e com facilidade. Por não conter camadas burocráticas, restrições de comando e controle e processos do programa Seis Sigma, a rede possibilita certo grau de individualidade, criatividade e inovação que nem a hierarquia menos burocrática e gerida pelos executivos mais talentosos é capaz de proporcionar. Povoada por colaboradores escolhidos em um corte diagonal – que inclui todos os níveis da organização – aplicado na estrutura hierárquica, a rede abre canais de transmissão de informações provenientes de diferentes silos e camadas hierárquicas, e possibilita que essas informações fluam com muito mais liberdade e em velocidade acelerada.

O lado hierárquico do sistema operacional dual difere, em um aspecto importantíssimo, de praticamente todas as outras hierarquias dos dias de hoje. Grande parte do trabalho normalmente atribuído ao lado hierárquico, que requer inovação, agilidade, implementação veloz de mudanças difíceis e grandes iniciativas estratégicas executadas rapidamente – desafios que a organização tradicional espera que sejam enfrentados por diferentes grupos de trabalho, equipes especializadas ou departamentos de estratégia – é transferida para o lado da rede. Isso sobrecarrega menos a hierarquia e permite que ela realize bem o trabalho para o qual foi criada: executar a contento as atividades de hoje, produzir mudanças incrementais para aumentar ainda mais a eficiência e se encarregar das iniciativas estratégicas que ajudam a empresa a lidar com ajustes previsíveis, como atualizações de rotina de TI.

Em um empreendimento verdadeiramente confiável, eficiente, ágil e rápido, a rede se integra à estrutura mais tradicional e difere de qualquer tipo de "superforça-tarefa" que se reporta a algum nível da hierarquia. A rede se conecta e se coordena perfeitamente com a hierarquia de incontáveis maneiras, principalmente por meio dos profissionais que atuam nos dois sistemas. Ainda assim, a alta gestão tem um papel importantíssimo na criação e na manutenção da rede. A diretoria ou o comitê executivo deve lançar a rede, abençoá-la explicitamente, apoiá-la e assegurar o alinhamento entre a rede e a hierarquia. A equipe de liderança da hierarquia, em suas interações com a rede, deve atuar como exemplo a ser seguido por seus colaboradores. Descobri que nada disso toma muito tempo da diretoria ou do comitê executivo. No entanto, as ações dos executivos seniores devem sinalizar claramente que a rede não é, de maneira alguma, uma operação clandestina. Não se trata de um tipo de organização informal. Não é só um pequeno exercício de entrosamento para agradar os participantes. A rede é parte crucial de um sistema projetado para competir e vencer.

Não estou descrevendo um conceito puramente teórico. Toda organização de sucesso passa por uma fase, normalmente bem no começo de sua história, na qual ela efetivamente opera com essa estrutura dual (leia mais a respeito no Capítulo 4). Isso é verdadeiro, quer você trabalhe na Panasonic em Osaka, na Morgan Stanley em Nova York, ou em uma ONG de Londres. O problema é que o lado da rede de um sistema dual, no ciclo de vida normal das organizações, é informal e invisível para a maioria das pessoas, de modo que raramente se sustenta. À medida que amadurecem, as organizações evoluem naturalmente para um sistema único, uma estrutura hierárquica, em detrimento da rede empreendedora. A falta de visão e iniciativa para formalizar e manter uma organização ao mesmo tempo confiável e eficiente, por um lado, e rápida e ágil, por outro, não nos custava muito no passado, quando as coisas evoluíam mais lentamente. Essa situação mudou para sempre – para a Panasonic, a Morgan Stanley e milhares de outras organizações – ou vai se modificar em breve.

OS PRINCÍPIOS DE UM SISTEMA OPERACIONAL DUAL

Em uma análise atenta, fica claro que um bom sistema operacional dual se baseia em alguns princípios básicos:

- **Muitas pessoas promovendo mudanças importantes – e pessoas de todos os lugares, não só os poucos escolhidos de sempre.** Tudo começa aqui. Para obter a velocidade e a agilidade necessárias para enfrentar o mundo em transformação, é preciso adotar uma maneira fundamentalmente diferente de coletar informações, decidir e implementar as decisões de importância estratégica. Serão necessários mais olhos para ver, mais cabeças para pensar e mais braços para agir com rapidez. Será preciso contar com pessoas adicionais, com as próprias conexões com o mundo e boas relações de trabalho com os outros, para conseguir verdadeiramente inovar. Um número maior de pessoas deve ganhar espaço de manobra para lançar ações e não meramente executar as ordens de alguém. Mas isso terá de ser feito com processos que, comprovadamente, não ofereçam o risco de o caos se instaurar na organização, não criem conflitos destrutivos, não dupliquem o trabalho nem desperdicem recursos. E deve ser feito com o pessoal da própria organização.

Nem duzentos consultores, por mais talentosos ou dinâmicos que sejam, poderiam dar conta do recado.

- **Uma mentalidade voltada a oportunidades ("eu tenho a chance de...") e não a obrigações ("eu tenho de...").** Todos os melhores líderes da história demonstraram ser possível encontrar um grande número de agentes de mudanças, e em todos os cantos da sociedade, mas só se as pessoas tiverem escolha e acreditarem que realmente têm a permissão para tomar a iniciativa e agir. O desejo de trabalhar com os outros por um propósito compartilhado importante e empolgante e a possibilidade concreta de contribuir são fundamentais. Sempre foram. E as pessoas que sentem que têm o privilégio de se envolver em uma atividade importante também têm demonstrado, ao longo da História, que se oferecerão para trabalhar nela para além de suas atividades normais. Você não precisa contratar uma nova equipe com grandes custos. A energia necessária pode ser gerada pelo pessoal que você já tem.

- **Ação mobilizada pela cabeça e pelo coração, não só pela cabeça.** A maioria das pessoas não vai querer ajudar se você só apelar para a lógica e apresentar números e estudos de viabilidade. Você também deve apelar aos sentimentos das pessoas. Como todos os grandes líderes da História, você deve recorrer ao desejo humano autêntico e fundamental de contribuir para uma causa importante, de criar um futuro melhor para uma comunidade ou organização. Se conseguir criar um meio de dar um sentido e propósito mais amplos às ações das pessoas, realizações incríveis serão possíveis.

- **É preciso haver muito mais liderança, não só mais gestão.** Para conseguir alcançar qualquer realização considerável por meio de tarefas de rotina – bem como o número incontável de tarefas repetitivas de uma organização, mesmo no caso de uma de porte modesto –, é essencial saber administrar com competência o trabalho de um bom número de pessoas. Sim, você também precisa de liderança, mas as engrenagens do motor são os processos de gestão. No entanto, para capitalizar janelas de oportunidade imprevisíveis que podem se abrir e fechar rapidamente, e para identificar e evitar ameaças inesperadas, o fator mais importante é a liderança, mas não a de algum executivo exuberante e grandioso. Visão, oportunidade, agilidade, ação inspirada, paixão, inovação e celebração são fatores fundamentais, não apenas para o gerenciamento de projetos, revisões orçamentárias, relações de subordinação, remuneração, prestação de contas e conformidade com um plano. Os dois conjuntos de ação são cruciais, mas o último, por si só, não garantirá o sucesso no mundo turbulento dos dias de hoje.

- **Uma parceria inseparável entre a hierarquia e a rede, não só uma hierarquia melhorada.** Os dois sistemas, rede e hierarquia, devem trabalhar em perfeita harmonia, com um fluxo constante de informações e realização de atividades entre eles. Essa abordagem é eficaz, em parte, porque as pessoas que se oferecem para trabalhar na rede já exercem alguma função na hierarquia. O sistema operacional dual não pode ser, e não precisa ser, dois supersilos povoados por dois grupos diferentes de colaboradores trabalhando em período integral na hierarquia ou na rede, como o velho PARC da

> Xerox (uma máquina incrível de inovação estratégica) e a própria Xerox corporativa (que praticamente ignorou o PARC ou pelo menos nunca foi capaz de aproveitar as fantásticas oportunidades comerciais descobertas pelo grupo de pesquisa). E, no fim das contas, a integração das duas partes ocorre da mesma forma como nos adaptamos a qualquer situação nova e inicialmente vista como algo estranho, errado ou ameaçador. A integração ocorre por meio da educação, do comportamento exemplar no topo da hierarquia e do sucesso demonstrado, até ser imbuída profundamente no DNA da organização e todo mundo sentir que "é assim que fazemos as coisas por aqui".

Esses princípios sugerem algo bastante diferente das operações-padrão de uma hierarquia, que envolvem meramente impulsionar a mudança com um número limitado de pessoas escolhidas que se orientam por um conjunto específico de metas estabelecidas em um estudo de viabilidade e administram o processo, dividido em projetos, para atingi-las. Esse processo-padrão pode até funcionar quando a velocidade necessária não é alucinante, o potencial de oposição das pessoas não é feroz e todo mundo sabe com clareza o que precisa ser feito (e, portanto, o grau de inovação necessário é baixo). No entanto, cada vez mais, não é este o mundo em que vivemos.

Com base nesses princípios, a ação do lado da rede de um sistema dual difere da do lado da hierarquia. Ambas são sistemáticas. Só que são muito diferentes. Não é uma questão de um lado ser *hard* e orientado por métricas e dados concretos, enquanto o outro é *soft*, todo coração ou sentimentos. Atualmente, sabemos menos sobre processos de rede como "criação de vitórias rápidas" do que sobre os processos hierárquicos, como o planejamento operacional ou a criação de métricas relevantes. Contudo, da mesma forma como a ação em uma hierarquia bem administrada passa longe de pessoas orientadas pelo controle que fazem tudo o que lhes passa pela cabeça, a ação em uma rede bem gerida é muito diferente da dinâmica apresentada por voluntários empolgados que fazem o que bem entendem.

Como a ação em redes acelera a atividade, em especial aquelas estrategicamente relevantes, chamo seus processos básicos de Aceleradores.

OS OITO ACELERADORES

Os processos da rede se assemelham a atividades normalmente encontradas em contextos empreendedores de sucesso. Eles são muito parecidos com meus oito passos para liderar mudanças, só que, neste caso, a alta gestão lança uma dinâmica que leva a um número muito maior de impulsionadores ativos da transformação, uma estrutura de rede integrada à hierarquia e processos que, uma vez iniciados, nunca param.

Os oito Aceleradores são:

1. **Criar um senso de urgência em torno de uma Grande Oportunidade.** O primeiro Acelerador se volta a criar e manter um forte senso de urgência, no maior número possível de pessoas, em torno de uma Grande Oportunidade que pode ser alavancada pela organização. A criação de um sistema dual começa aqui. Este é, em muitos aspectos, o ingrediente secreto que possibilita um comportamento que muitas pessoas que cresceram em organizações maduras considerariam impossível.

OS OITO ACELERADORES

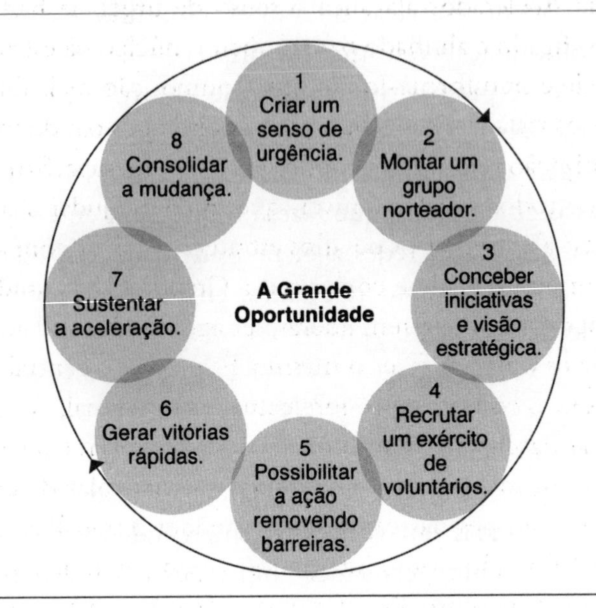

A urgência, no sentido usado aqui, não se refere apenas aos problemas desta semana, mas às possibilidades e ameaças estratégicas que passam pelos gestores com uma velocidade cada vez maior. Com o bom funcionamento do Acelerador 1, grandes grupos de pessoas, não só um punhado de executivos, acordam todos os dias de manhã pensando em como poderão ajudar a organização a agarrar uma Grande Oportunidade.

Tenho visto pessoas se saírem com dezenas de maneiras criativas para desenvolver e manter incansavelmente esse senso de urgência. É fundamental fazer isso bem e é por isso que dedico dois capítulos deste livro ao processo de desenvolver o senso de urgência – especialmente por meio do comportamento exemplar – e canalizá-lo para uma Grande Oportunidade.

2. **Montar e desenvolver um grupo norteador.** O segundo Acelerador alavanca o senso de urgência bastante intensificado e alinhado para montar o núcleo da estrutura de rede e transformá-lo em uma composição mais forte e mais sofisticada. Esse grupo norteador de pessoas de toda a organização tem um profundo senso de urgência. São pessoas de todos os silos e níveis que querem ajudar a organização a enfrentar os desafios estratégicos, lidar com a hipercompetitividade e conquistar a Grande Oportunidade. São pessoas que querem liderar, ser agentes de mudanças e ajudar os outros a fazer o mesmo. Esse núcleo central tem a paixão, o compromisso intelectual e emocional, as conexões, as habilidades e as informações necessárias para atuar como um sol no novo e dinâmico sistema solar da organização. São pessoas capazes de aprender a trabalhar bem em colaboração, como integrantes de uma grande equipe.

Com um senso de urgência intenso o suficiente, é surpreendentemente fácil encontrar boas pessoas dispostas a participar de um grupo norteador. Mas não é tão fácil colocar pessoas de níveis e silos diferentes trabalhando bem em colaboração. Se você simplesmente jogá-las em uma sala, elas tenderão a replicar o que sabem: uma hierarquia centrada na gestão. Dadas as condições certas, contudo – como vimos, um componente fundamental é o senso de urgência na busca de uma Grande Oportunidade –, eles aprenderão a trabalhar juntos de uma maneira completamente nova. E, com ajuda, tanto o grupo norteador quanto o comitê executivo da organização aprenderão a trabalhar em equipe, de modo a possibilitar que os lados da hierarquia e da rede se mantenham estrategicamente alinhados, a manter altos níveis de confiabilidade e eficiência e a desenvolver toda uma nova capacidade de gerar velocidade e agilidade.

3. **Conceber iniciativas e visão estratégica.** No terceiro Acelerador, o grupo norteador concebe uma visão em torno de uma Grande Oportunidade estratégica e seleciona iniciativas estratégicas para levar a organização a concretizar a visão com rapidez e agilidade. Ao formar um sistema dual, grande parte da visão e das iniciativas, especialmente estas, já podem existir, sendo criadas pela equipe de liderança da hierarquia. No entanto, o novo lado da rede se voltará primeiro às iniciativas que mais entusiasmarem os integrantes do grupo norteador. O comitê executivo da organização sempre concordará que faz muito sentido se envolver em algumas dessas iniciativas. No entanto, uma hierarquia focada na gestão não estará equipada para dar conta sozinha, com a eficácia e a rapidez suficientes, dessas iniciativas.

4. **Recrutar um exército de voluntários.** No quarto Acelerador, o grupo norteador e outras pessoas que quiserem ajudar comunicam informações sobre a visão de mudança e as iniciativas estratégicas à organização, de maneira que isso leve um grande número de pessoas a apoiar todo o fluxo da ação. Se bem conduzido, esse processo resulta em muitas pessoas querendo ajudar, seja em algumas iniciativas específicas, seja apenas em termos gerais. Esse Acelerador começa a atrair, ao novo sistema de rede, vários planetas e luas, como pela ação da força da gravidade.

5. **Possibilitar a ação removendo barreiras.** No quinto Acelerador, todas as pessoas que estão ajudando no lado da rede (o "lado direito" nas ilustrações deste capítulo e do capítulo anterior) trabalham rapidamente para concluir as iniciativas escolhidas e encontrar novas iniciativas estrategicamente relevantes. As pessoas conversam, pensam,

inventam e testam, tudo segundo o espírito de uma *startup* ágil, rápida e empreendedora. Grande parte da ação desse Acelerador se volta à identificação e à eliminação dos obstáculos que desaceleram ou paralisam alguma atividade de importância estratégica. Em um sistema dual, diferentemente de uma *startup*, esse processo orienta as pessoas a prestar mais atenção à hierarquia: ao que está sendo feito lá (para evitar o trabalho duplicado), ao que já foi feito lá (para evitar arar um solo exaurido) e às metas operacionais e iniciativas estratégicas incrementais da hierarquia (para manter o alinhamento). Ações inteligentes, baseadas em boas informações provenientes de todos os silos e níveis, são realizadas com mais rapidez.

6. **Gerar (e celebrar) vitórias rápidas.** No sexto Acelerador, todas as pessoas do lado da rede ajudam a criar um fluxo contínuo de vitórias estrategicamente relevantes, tanto grandes quanto bem pequenas. A ação deste Acelerador também garante que as vitórias ganhem a maior visibilidade possível em toda a organização e sejam celebradas, mesmo se for com pequenos atos simbólicos. Essas vitórias e as celebrações podem ter um grande poder psicológico e desempenhar um papel importantíssimo na criação e na manutenção de um sistema dual, dando credibilidade à nova estrutura. Essa credibilidade, por sua vez, promove uma cooperação cada vez maior na organização como um todo. Essas vitórias geram respeito, compreensão e, com o tempo, a mais completa cooperação até dos gestores mais orientados ao controle, que de outra forma não teriam qualquer desejo de se oferecer para trabalhar no lado da rede.

7. **Sustentar a aceleração.** O Acelerador 7 mantém todo o sistema em movimento, apesar da tendência geral do ser

humano de dar uma trégua depois de uma ou duas vitórias. Esse Acelerador é colocado em andamento quando as pessoas percebem que um grande número de vitórias resulta de subiniciativas que, por si só, poderiam não ser expressivas nem particularmente proveitosas no sentido estratégico. As iniciativas maiores perderiam força e apoio, a menos que as subiniciativas relacionadas também sejam concluídas com sucesso. Nesse estágio, com uma energia incansável voltada para a frente, em direção a novas oportunidades e desafios, encontramos um mecanismo que ajuda todos os outros Aceleradores a se manterem em movimento, conforme o necessário, como velas de ignição e cilindros no motor de um carro. Esse Acelerador, segundo sua concepção, contraria uma abordagem e mentalidade do tipo "vencer e largar".

8. **Consolidar a mudança.** O Acelerador 8 ajuda a institucionalizar as vitórias, integrá-las aos processos, sistemas, procedimentos e comportamento da hierarquia e, efetivamente, imbuir as mudanças na cultura da organização. Quando isso é feito com um número cada vez maior de modificações, o efeito é cumulativo. Depois de alguns anos, uma ação como essa incorpora toda a abordagem do sistema operacional dual ao DNA da organização.

Quando todos esses Aceleradores estão funcionando bem, eles naturalmente vencem os desafios inerentes à criação de um tipo novo e diferente de organização. Eles fornecem a energia, os voluntários, a coordenação, a integração entre a hierarquia e a rede e a cooperação necessária. À medida que capitaliza as oportunidades e contorna as ameaças, o sistema como um todo cresce e acelera. Isso acaba sendo incorporado ao estilo da organização em um mundo em rápida evolução.

Os gestores ultrapassam a concorrência acirrada ou atingem metas incrivelmente ambiciosas. E, se bem feito, tudo isso acontece sem precisar investir uma fortuna em novas equipes, dificultar as operações do dia a dia ou deixar de atingir as metas de lucro.

O EXÉRCITO DE VOLUNTÁRIOS

As pessoas que impulsionam esses processos e povoam a rede aceleradora também ajudam nas atividades do dia a dia da organização. Essas pessoas não formam um grupo separado de consultores, novos contratados ou colaboradores nomeados para as forças-tarefa.

Constatamos que são suficientes algo entre 5% e 10% da população gerencial e dos colaboradores de uma hierarquia para que a rede funcione às mil maravilhas. Isso é fundamental para o bom funcionamento do sistema dual por duas razões. Em primeiro lugar, por trabalharem na hierarquia, esses 5% a 10% têm um bom conhecimento da organização, bem como detêm relacionamentos, credibilidade e influências cruciais. Eles normalmente são os primeiros a identificar ameaças e oportunidades e se dispõem a agir de acordo com elas, se a estrutura em rede lhes possibilitar isso. Em segundo lugar, eles não consomem qualquer recurso adicional (e talvez oneroso o suficiente para tornar sua disponibilização viável).

Se o Acelerador 1 estiver funcionando bem e se o senso de urgência resultante for intenso o suficiente, chega a ser fácil recrutar esse exército voluntário que contribuirá com energia, comprometimento e entusiasmo autêntico. Ações modestas, porém alinhadas, realizadas por um grande número de pessoas entusiasmadas que trazem consigo um conhecimento de todos os níveis e de todos os silos, imbuem a rede do poder necessário para realizar ações estratégicas inteligentes.

Pessoas que nunca viram esse tipo de trabalho característico do sistema operacional dual normalmente se preocupam, o que seria esperado, que um grupo de voluntários empolgados possa criar mais problemas do que resolvê-los, agindo sem controle, tomando decisões equivocadas e perturbando as operações do dia a dia. É nesse ponto que a estrutura da rede, os princípios subjacentes e os processos aceleradores entram em ação. Eles criam condições nas quais as pessoas não apenas geram ideias, mas geram ideias corroboradas por bons dados provenientes de todos os silos e níveis de uma hierarquia. Criam condições nas quais as pessoas não só concebem iniciativas, mas sabem que cabe a elas implementá-las. Criam condições que orientam as pessoas não só a manter as operações do dia a dia em bom funcionamento, mas também a melhorar os processos cotidianos para facilitar o trabalho da organização, tornando-o mais eficiente, menos oneroso e mais eficaz.

Em organizações nas quais um sistema dual foi efetivamente incorporado, as pessoas me contaram que as recompensas de trabalhar na rede podem ser enormes, embora raramente sejam de ordem monetária. Essas pessoas falam sobre o senso de gratificação resultante da concretização de uma missão na qual eles acreditaram, uma missão mais ampla, envolvendo a organização como um todo. Elas são gratas pela chance de colaborar com uma variedade mais ampla de pessoas do que jamais seria possível em seu trabalho de rotina na hierarquia. Algumas delas dizem que seu trabalho na estratégia lhes rendeu uma maior visibilidade em toda a organização e uma posição melhor na hierarquia. E os gestores normalmente passam a valorizar o desenvolvimento profissional dos voluntários. Veja este e-mail que recebi de um cliente da Europa: "Não dá para acreditar na rapidez com a qual este segundo sistema operacional promoveu o crescimento de grandes talentos na organização. Quando as pessoas sentem que 'Sim, eu consigo fazer isso!', elas também começam a crescer mais rápido na função habitual na hierarquia, o que ajuda a aumentar a eficácia das operações".

SISTEMA OPERACIONAL DUAL

Hierarquia orientada pela gestão (a "esquerda")		**Rede aceleradora da estratégia (a "direita")**
Principal função • Confiabilidade e eficiência (atingir as metas atuais)	⟷	**Principal função** • Agilidade e velocidade (saltar para o futuro)
Outras funções • Mudanças incrementais ou previsíveis	⟷	**Outras funções** • Inovação constante • Desenvolvimento da liderança
Ferramentas de administração • Planos/orçamentos • Descrição de cargos • Remuneração • Métricas • Resolução de problemas	⟷	**Oito Aceleradores** • Senso de urgência para alavancar a Grande Oportunidade • Grupo norteador de voluntários • Conceber iniciativas e visão estratégica • Um número cada vez maior de voluntários • Derrubar barreiras • Celebrar vitórias • Ação implacável • Mudanças institucionalizadas

CRIAÇÃO DO ÍMPETO E CRESCIMENTO ORGÂNICO

Um sistema operacional dual não nasce completamente formado e não requer uma revisão abrangente da organização, de modo que implica muito menos risco do que se imagina.

Esse sistema evolui, crescendo organicamente com o tempo, acelerando a ação para enfrentar um mundo hipercompetitivo e assumindo uma forma de vida cujos detalhes parecem diferir de uma empresa para outra. A organização pode começar com pequenos passos. A versão 1.0 de uma rede aceleradora da estratégia (lado direito) pode se restringir a apenas uma parte de um empreendimento como, digamos, o sistema de cadeia de suprimento ou a divisão europeia. Quando ganhar força, a rede pode se expandir a outras partes da organização.

A versão 1.0 também pode não afetar a elaboração ou os ajustes da estratégia, mas se concentrar apenas na implementação ágil e inovadora. No início, ela pode dar a sensação de ser apenas um grande exercício de engajamento de colaboradores, que na realidade produz benefícios muito maiores sem precisar aumentar a folha de pagamento. E à medida que a rede e os Aceleradores evoluem, o ímpeto se intensifica mais rapidamente do que seria de se esperar. Se o comitê executivo entender o novo sistema e fizer o trabalho que lhe cabe, e se a nova organização efetivamente ajudar a lidar com os desafios competitivos, todo o modelo do sistema dual acabará sendo incorporado à cultura organizacional, criando uma mentalidade do tipo "é assim que fazemos as coisas por aqui".

Como seria de se esperar, a mudança tem seus desafios. Nos últimos sete anos, minha equipe ajudou um grande número de pioneiros – nos setores público e privado, em departamentos funcionais, divisões de produtos ou na matriz corporativa – a construir sistemas operacionais duais. Os desafios são relativamente previsíveis e nada insignificantes. Um deles é assegurar que as duas partes do sistema aprendam a trabalhar bem, juntas. É essencial que o núcleo da rede (o grupo norteador) e o comitê executivo aprendam a desenvolver e a manter o relacionamento certo. Outro desafio é criar o ímpeto necessário para enfrentar os desafios e ultrapassar as barreiras, sendo o passo mais importante a geração e a comunicação das vitórias desde o começo.

Talvez o maior desafio seja convencer pessoas acostumadas a hierarquias baseadas no controle de que é possível criar um sistema dual. Ações educativas podem ajudar. A atitude certa vinda do topo da hierarquia contribui muito. Mas, novamente, é por isso que é tão importante haver um senso de urgência racional e irrefutável ao redor de uma Grande Oportunidade estratégica. Uma vez que esse senso de urgência é instigado, o grupo norteador é mobilizado e os outros Aceleradores entram em ação de maneira quase orgânica. O empreendimento não é transformado radicalmente, como aconteceria com uma súbita e dramática iniciativa de mudança organizacional. Não será preciso criar algo gigantesco e apertar um botão para colocá-lo em movimento (enquanto se reza para dar tudo certo). E, em um mundo em que muitas organizações enfrentam restrições de capital, o custo incremental dessa abordagem é, incrivelmente, quase zero. Pense nessa abordagem como uma ampla, financeiramente acessível, intencional e estruturada expansão – em escala, escopo e potência – de redes informais menores que realizam tarefas importantes com maior rapidez e economia do que as hierarquias conseguiriam fazer sozinhas.

Estamos sendo prejudicados pelas inevitáveis deficiências dos sistemas operacionais únicos. Chego a acreditar que eles nos matarão no futuro. O século 21 nos forçará a evoluir na direção de uma forma fundamentalmente nova de organização. A vantagem é que isso nos possibilitará fazer muito mais do que simplesmente nos agarrar às realizações do século 20. Se conseguirmos implementar um novo modo de gerir as organizações, poderemos nos beneficiar dos desafios estratégicos presentes em um mundo em rápida transformação. Poderemos efetivamente fazer produtos e prestar serviços melhores, ampliar a riqueza e criar um número maior de empregos melhores, tudo com mais rapidez do que foi feito no passado. Ou seja, apesar das desvantagens de um mundo em rápida evolução, a situação também vem acompanhada de um enorme benefício potencial para aqueles que souberem aproveitar as oportunidades e driblar as barreiras.

Ainda temos muito a aprender. Mas as empresas que chegarem lá primeiro, por estarem dispostas a abrir o caminho agora, terão um sucesso imediato e duradouro para os acionistas, clientes, colaboradores e para si mesmas. Estou convencido de que as empresas que ficarem para trás sofrerão muito... se é que conseguirão sobreviver.

três

OS RISCOS: UMA LIÇÃO SOBRE O QUE NÃO FAZER

A história que apresentarei a seguir, como todas as histórias, inclui detalhes peculiares. No entanto, os desafios fundamentais enfrentados pela empresa retratada estão se tornando a regra e deixando de ser a exceção.

Enquanto lê a história, tenha em mente a seguinte pergunta: essa situação lhe parece familiar?

UMA NOVA ESTRATÉGIA

A empresa em questão prestava serviços profissionais e ocupava o terceiro lugar em participação de mercado em seu setor de atividade. A concorrência global cada vez mais acirrada, aliada a rápidos avanços tecnológicos, poderia ter empurrado a empresa para o quarto lugar, posição em que nunca se deve estar. O CEO se aposentou e o conselho de administração trouxe um *outsider* considerado visionário, que desenvolveu uma reputação espetacular em uma empresa menor de um setor correlato. Assim que assumiu o cargo, o novo CEO montou imediatamente um grupo de análise, o qual fez questão de liderar. Ele deslocou alguns gestores de suas funções para atuar exclusivamente no grupo e contratou uma famosa consultoria para ajudar. O objetivo era descobrir o que provavelmente aconteceria se o direcionamento estratégico não fosse alterado e identificar as maiores oportunidades para conquistar uma nova vantagem estratégica. O CEO claramente já tinha uma opinião formada sobre as duas questões e não se intimidava em compartilhá-la com o grupo, mas insistia na realização de um levantamento completo dos fatos e em uma análise rigorosa.

Quatro meses depois, o grupo apresentou um relatório ao comitê executivo demonstrando que as políticas em vigor poderiam facilmente levar a empresa a cair para o quarto lugar do setor de atividade, com sérias consequências econômicas. O relatório também destacava uma série de oportunidades estratégicas bastante lucrativas. O CEO gostou da oportunidade mais ambiciosa, que implicaria criar um produto diferente e que, de acordo com os clientes, seria uma solução "dos sonhos" para uma de suas necessidades mais prementes. Basicamente, seria uma versão do que a empresa já oferecia, mas em um formato de utilização mais simples e mais fácil para os clientes. Algumas novas *startups* do setor já estavam demonstrando que era possível fazer isso, mas não tinham a visibilidade, a escala, a solidez financeira ou o pessoal de campo para representar uma grande ameaça aos *players* consolidados... ainda.

O novo CEO argumentou que, se fossem rápidos, eles poderiam executar a estratégia antes mesmo de os maiores concorrentes começarem a pensar a respeito, até porque os grandes concorrentes eram mais antigos, burocráticos e morosos. Com base nos dados impressionantes, coletados e examinados pelo grupo de análise e pelos consultores, o CEO demonstrou que, se tivesse sucesso, a nova estratégia poderia catapultar a empresa para o primeiro lugar em cinco anos, capacitá-la a manter a posição e acrescentar US$ 1 bilhão à sua capitalização de mercado. Depois de muita discussão, o comitê executivo concordou em levar a estratégia adiante e, após nova discussão, o conselho de administração também aderiu ao plano.

O estudo de viabilidade previu um agressivo programa de aquisições, a ser iniciado em cerca de um ano, para devorar todas as novas *startups* que já estavam seguindo a estratégia dos sonhos e um *player* menor, porém já estabelecido, que parecia estar se voltando a essa direção. O estudo também previa várias outras iniciativas complementares a serem executadas o mais rápido possível. Uma delas exigia montar um sistema informatizado global de gestão de recursos humanos, que daria à administração acesso a informações precisas e em tempo real sobre todos os custos com pessoal (não só os salários de todos os colaboradores ao redor do mundo, mas também os benefícios, as despesas com carros da empresa, aluguéis de novos escritórios para acomodar os colaboradores adicionais e assim por diante). Como estamos falando de uma empresa de serviços profissionais, esses custos correspondiam a uma grande parcela das despesas totais e os atuais sistemas informatizados de recursos humanos eram incapazes de fornecer informações em tempo real sobre o total de colaboradores, muito menos os custos totais. O problema foi agravado com a expansão dos negócios globais da empresa e com a utilização, por regiões distintas, de sistemas diferentes e não integrados.

A INICIATIVA DE IMPLEMENTAÇÃO DE UM SISTEMA INFORMATIZADO DE RECURSOS HUMANOS

Uma força-tarefa interna foi montada. A empresa lançou um edital de licitação para contratar consultorias de tecnologia de informação. As propostas foram analisadas e uma foi escolhida. O processo levou dois meses, o que o pessoal de TI considerou a velocidade da luz. Os consultores, com a orientação da força-tarefa, saíram pelo mundo para analisar os sistemas existentes e voltaram com a recomendação de um sistema global unificado. O sistema era mais complexo do que a empresa precisava no momento, mas os consultores argumentaram que um sistema mais simples teria de ser substituído em alguns anos e os custos totais das duas implementações seria consideravelmente maior do que "fazer a coisa certa" na primeira vez. A força-tarefa finalmente concordou com a recomendação e submeteu o plano ao comitê executivo. O CEO não ficou satisfeito com a complexidade do sistema, nem com o tempo necessário para a implementação e nem com os custos. No entanto, os consultores de TI eram os melhores do mundo, então o plano foi aprovado com a seguinte ressalva: "Façam rápido, não estourem o orçamento e minimizem quaisquer interferências nas operações atuais".

Um plano mais detalhado foi desenvolvido, entregue a um grupo de gestão de programas e um gerente de projeto sênior foi nomeado. Os consultores e a força-tarefa se mantiveram envolvidos para ajudar a fazer o trabalho. E lá foram eles.

AVALIAÇÃO DOS RISCOS

Um supervisor de programação do escritório de Miami foi questionado sobre os riscos envolvidos na nova iniciativa do sistema informatizado global de RH, caso não fosse possível implementá-lo a tempo, dentro do orçamento, deixando o sistema em funcionamento e sem criar problemas para os outros. Ele respondeu:

— Tenho uma verba de US$ 25 mil para o caso de precisar de ajuda adicional. Acho que o valor é realista, mas nunca fiz nada parecido com isso em escala global.

— E quais são os riscos para a empresa se o projeto não for um sucesso?

— Para a empresa inteira?

— Isso.

— Não faço ideia. Não sou pago para saber esse tipo de coisa.

— Chute.

— Bom, todo mundo está falando sobre a iniciativa. Então não deve ser um projeto qualquer.

— Então quais seriam os riscos para a empresa...?

— Não tenho como saber. Se eu tivesse de chutar, e é só um chute, diria que seria um valor na casa dos seis dígitos. Talvez até chegando aos US$ 800 mil ou US$ 900 mil.

A mesma pergunta foi feita ao superior dele, e a resposta foi:

— O projeto tem um orçamento global, penso eu, de uns US$ 8 milhões.

— E quais seriam os riscos...?

— O que você quer dizer com "riscos"?

— O que você achar que é.

— Acho que daria para queimar alguns milhões. Ou mais. Mas seria muito improvável.

Feita a mesma pergunta ao diretor corporativo de recursos humanos, a resposta foi:

— O orçamento do RH para isso é de US$ 500 mil, mais ou menos. Quase todo o resto é da TI.

— Quais são os riscos para a empresa?

— Depende. O orçamento total para o projeto global de TI é de US$ 8 milhões. Ouvi dizer que a implantação vai ser mais complicada do que pareceu por uma série de razões. É melhor perguntar para o Sid [o diretor de TI], e não para mim, sobre as chances de ele estourar o orçamento ou não cumprir o prazo.

Sid então é consultado.

— Os riscos para a empresa? — diz Sid.

— Isso.

— Se estourarmos o prazo, o sistema não estará pronto para subsidiar o grande programa de aquisição, a primeira fase das simplificações de serviços e por aí vai. É provável que não faça muita diferença, mas há uma pequena chance de a gente não conseguir expressar bem os custos com a rapidez necessária, o que criaria dificuldades difíceis de prever.

— Então, quais são os riscos para a empresa?

— Os riscos seriam maiores do que daria para dizer, com certeza, para um projeto com um orçamento de US$ 8 milhões. Sem dúvida, na casa dos milhões, talvez até mais do que isso. É por isso que estamos dando tanta atenção ao projeto.

Foi a vez de se consultar o diretor financeiro.

— O George [o CEO] tem uma visão ousada do que vamos poder fazer nos próximos cinco anos. Para avançar, precisamos de uns dez ou onze projetos grandes para nos estabelecer com firmeza em uma posição que nos permitiria aproveitar a oportunidade. Da última vez que verifiquei, o custo total das iniciativas era de US$ 107 milhões. Para nós, isso é um valor enorme. Então os riscos não são pequenos. O projeto de TI para o sistema de RH é só uma pequena parte disso, mas dá para dizer que não é uma parte insignificante. Problemas em qualquer um dos projetos poderiam nos afastar da meta do CEO, de crescimento de US$ 1 bilhão da capitalização de mercado. Quais são os riscos para esse projeto específico? É difícil dizer ao certo, porque nunca fizemos nada parecido antes. Diria que, sem dúvida, ficaria na casa das dezenas de milhões de dólares, pensando em como o sistema interage com a estratégia de aquisições. Pode ser mais. Um valor muito mais alto do que o pessoal de TI deve imaginar.

Por fim, o CEO é abordado.

— Acho que os riscos de todos esses projetos são maiores do que parecem à primeira vista, por causa do modo como eles se relacionam com o que pretendemos fazer daqui a oito meses. Se conseguirmos fazer tudo direito, e estou confiante de que vamos, a empresa estará em uma posição completamente distinta daqui a cinco anos, com perspectivas totalmente diferentes para o futuro. Estamos falando de um crescimento incrível, com a possibilidade de agregar bilhões de dólares ao valor da empresa. Já passei por uma situação parecida uma vez [em sua última empresa, menor que a atual] e, apesar de minha equipe aqui não ter esse tipo de experiência, estou confiante de que vamos conseguir.

— Em termos do projeto do sistema informatizado de RH, quais são os riscos para a empresa se ele der errado?

— É difícil isolar qualquer iniciativa específica. Qual seria o impacto se o projeto atrasar, digamos, seis meses e estourar em 50% o orçamento? Milhões, é claro. Se eles pisarem feio na bola, o que é difícil de imaginar, porque vou ficar de olho, isso nos custaria dezenas de milhões de dólares. É difícil acreditar que um projeto relativamente simples de US$ 8 milhões a US$ 10 milhões poderia nos custar US$ 50 milhões em cinco anos, mas acho que é possível.

A HISTÓRIA, PARTE 2

A implementação da iniciativa do sistema informatizado de RH parecia ir bem, pelo menos por um tempo. Então, o diretor de divisão mais importante do CEO foi informado por seu pessoal técnico de que o projeto atrasaria outra iniciativa, desta vez da área de vendas. Isso levou a reuniões; a novas projeções de receita do pessoal de vendas, projeções que desagradam o CEO; e tensões entre algumas pessoas das vendas, TI e RH.

Depois, os gestores de quatro países – incluindo o país mais importante para o futuro da empresa, a China – se queixaram (discretamente no começo) de que seu pessoal não estava dando conta de todas as iniciativas de mudança e que esse projeto específico era uma distração, porque não se alinhava bem com uma importante iniciativa de marketing. O diretor da divisão do Leste Europeu disse que seu pessoal de TI acreditava que a escolha do sistema de RH tinha sido um erro cometido pelos consultores norte-americanos e pelos tomadores de decisão da matriz corporativa, que desconheciam os problemas específicos da região. Os consultores de TI se defenderam dizendo que era muito difícil lidar com o pessoal do Leste Europeu, devido aos hábitos arraigados e à sua cultura tradicional.

As relações entre a matriz e as divisões se desgastaram com a apresentação de desculpas para justificar atrasos e exigências de mais financiamento. A tensão afetou as discussões sobre outras questões relativas às vendas, clientes e verbas.

Os consultores contratados para ajudar a liderar a implementação do novo sistema anunciaram que os sistemas de RH da América Latina na verdade eram excelentes, muito melhores do que os consultores tinham avaliado no início. Mas os sistemas eram totalmente incompatíveis com o novo *software* escolhido e os sistemas de RH da América Latina estavam estreitamente vinculados a todos os outros sistemas de TI da região (sistemas de vendas, manufatura e assim por diante).

Ao ouvir isso, o CEO, exasperado, perguntou por que o problema não tinha sido identificado antes. Os consultores disseram simplesmente que isso ocorreu porque foram solicitados a concluir um projeto de quatro meses em apenas dois.

Ninguém sabia dizer ao certo, mas tudo indicava que a equipe gerencial latino-americana não tinha cooperado totalmente no início, deixando de revelar todas as informações. Eles pareciam ter presumido que, se revelassem mais informações sobre seus sistemas, caberia a eles se concentrar sozinhos nas difíceis metas de receita e faturamento e em todas as outras iniciativas de mudança. Até que finalmente ficou muito claro para o pessoal de TI que o RH da América Latina achava que eles não deveriam perder tempo com a iniciativa, já que os sistemas deles eram melhores do que os do resto da empresa.

O líder da força-tarefa do sistema informatizado de RH foi então substituído. Algumas pessoas ficaram satisfeitas e outras, temerosas com a mudança. O substituto trouxe o próprio gestor para liderar o programa, que se pôs a definir novas metas e cronogramas. Uma equipe de gestão de mudanças foi montada. Um executivo sênior (o diretor de RH) foi formalmente designado para ser o patrocinador executivo da iniciativa.

Os prazos estouraram, mas as pessoas deram duro e o projeto avançou. No entanto, no oitavo mês, o novo sistema ainda não estava totalmente funcional e não tinha sido completamente testado. Estava perto disso, mas ainda tinha *bugs* consideráveis.

E então aconteceu.

Os programas de aquisição foram lançados. Sem informações em tempo real sobre o quadro completo dos custos, decisões foram tomadas durante a correria normal de fim de trimestre, o que acabou aumentando as despesas em relação ao faturamento e a empresa deixou de cumprir as projeções de lucro. Os mercados financeiros, já desconfiados das manobras agressivas da empresa, se assustaram. O preço das ações caiu 15% em um dia. O CEO ficou furioso. Seu primeiro grande acordo de aquisição, que estava quase fechado, empacou. O maior *player* do setor de atividade entrou em cena e deu um lance mais alto do que o conselho de administração do CEO estava disposto a pagar pela aquisição. Isso derrubou ainda mais o preço das ações da empresa, dificultou enormemente as outras aquisições e deu ao concorrente mais tempo para se recuperar. O concorrente se pôs a executar a própria versão da estratégia do CEO e começou a se posicionar para capitalizar a Grande Oportunidade. Até que conseguiu, em alguns anos.

A empresa, que teve a possibilidade bastante concreta de subir do terceiro ao primeiro lugar no setor de atividade, caiu para o quarto lugar. A participação de mercado e a capitalização de mercado caíram um pouco e a empresa passou os cinco anos seguintes sem se recuperar totalmente. Um respeitado analista do setor estima que a diferença na capitalização de mercado entre o que poderia ter acontecido e o que acabou ocorrendo foi de US$ 1,5 bilhão ou mais. E esse valor não levou em conta os fatores econômicos da eventual diferença na força estratégica da empresa, no quinto ano, para poder sobreviver aos cinco anos seguintes. Esse valor adicional, segundo o analista, poderia ficar em algum ponto entre US$ 250 milhões e US$ 3 bilhões, levando as perdas totais do projeto fracassado do sistema informatizado de RH a algo entre US$ 1,75 bilhão e US$ 4,5 bilhões.

A credibilidade do CEO despencou na empresa. Algumas pessoas-chave abandonaram o barco. A história geral foi apresentada e analisada repetidas vezes na imprensa. No entanto, a história de como um único projeto, dentro de uma grande iniciativa de mudança estratégica, basicamente destruiu possibilidades espetaculares e levou a uma série de problemas imprevistos... essa história nunca chegou a ser contada.

REALIDADE VERSUS CRENÇAS

Estimativas do pessoal da própria empresa avaliaram os riscos da iniciativa do sistema informatizado de RH na faixa dos US$ 750 mil (segundo o supervisor de programação do escritório de Miami) até US$ 50 milhões (segundo o CEO). Isso significa que a avaliação da maioria das pessoas da empresa provavelmente chegou a apenas cerca de 0,02% do valor realmente observado. O palpite mais preciso, de apenas uma pessoa, o CEO, foi de cerca de 1% ou 2% do valor real.

E nada disso levou em conta os prejuízos secundários: colaboradores não contratados devido às oportunidades perdidas (e lembre-se de que, segundo os economistas, cada emprego perdido gera consideráveis efeitos propagadores que afetam muitas dezenas de pessoas de maneira muito ou pouco significativas); os custos para os clientes, na forma de queda da qualidade dos serviços devido a interferências nas atividades atuais (e, nesse caso, um grande cliente tinha até redirecionado suas estratégias com base em premissas inferidas dos ambiciosos planos da empresa); em custos tangíveis para a organização (incluindo um grande golpe na confiança, colaboração e moral, o que não é fácil se recuperar). Reputações, carreiras e legados individuais também foram prejudicados, o que não foi nada agradável para o CEO.

Mas poderia ter sido pior. Os cenários mais trágicos podem envolver falência ou aquisição por outra empresa que decida dissolver a empresa original. E em um mundo cada vez mais turbulento e competitivo, os riscos estão aumentando para a maioria das empresas. O número de organizações construídas sobre *icebergs* em processo de derretimento nunca foi tão grande.

No entanto, a vantagem para as empresas também nunca foi tão grande. O tipo de sucesso que empresas como o Google e o Facebook conseguiram atingir em cinco a dez anos nunca tinha existido antes. Nunca. E, embora as vantagens para a empresa nunca tivessem chegado a esse nível, elas foram consideráveis, com possíveis benefícios substanciais para colaboradores, clientes, proprietários, a carreira profissional dos executivos, as receitas fiscais e muito mais.

Alguns leitores podem ler essa história e argumentar que um fator importante que afetou o resultado foi a mais pura falta de sorte. Nossas decisões e ações, contudo, sempre aumentam a probabilidade de que ocorra o que chamamos de "sorte", boa ou má. E essa empresa cometeu erros graves, começando por subestimar enormemente os riscos das iniciativas propostas. Depois, na tentativa de capitalizar a Grande Oportunidade, as pessoas envolvidas usaram o que conheciam, ferramentas que, em sua maior parte, seriam consideradas, hoje em dia, por praticamente todas as empresas, as "melhores práticas". Estamos falando de práticas baseadas em uma hierarquia focada na gestão e desenvolvidas com base nessa estrutura – reforçada por grupos de análise de estratégias, estudos de viabilidade, consultores de TI, forças-tarefa, grupos de gerenciamento de programas, patrocinadores executivos para as iniciativas, entre outros – para executar as novas iniciativas estratégicas. Juntas, elas constituem um veículo capaz de avançar a 100 quilômetros por hora, com um bom controle da direção. Infelizmente, estamos manobrando esse sistema em uma corrida com curvas e obstáculos imprevisíveis, em um percurso que pode exigir chegar aos 150 quilômetros por hora, demandando manobras muito mais ágeis ao volante.

E aí reside o problema. Dada uma velocidade baixa o suficiente e uma previsibilidade alta o suficiente, certos métodos funcionam muito bem nas organizações. No entanto, esses métodos não podem ser eficazes quando a velocidade aumenta muito e a previsibilidade (como seria de se esperar) despenca. Nesse caso, temos um jogo completamente diferente. A organização deve ser capaz de operar com a velocidade e a agilidade que veríamos em uma empresa empreendedora de sucesso ou em uma *startup*. A empresa estudada não contava com essa velocidade e agilidade e nem se deu conta disso. E essa é a norma nos dias de hoje.

Você poderia argumentar, suponho, que o CEO não deveria ter adotado uma estratégia nova e ousada. A empresa não estava passando por uma crise imediata. Entretanto, os analistas do setor dizem hoje, em retrospectiva, que o grupo de análise de estratégias provavelmente estava certo ao prever que a manutenção da estratégia vigente teria derrubado a empresa para o quarto lugar do setor de atividade. A capitalização de mercado da empresa sem dúvida teria caído. E a vulnerabilidade da empresa à concorrência teria aumentado.

Conheço as pessoas envolvidas nessa história e sei que não é possível argumentar que elas foram incompetentes e usaram os métodos errados. O CEO é talentoso e era muito respeitado no setor. Mesmo assim, ele e seu pessoal usaram uma metodologia para a execução da estratégia que eles presumiram, automaticamente, que daria certo. Eles não chegaram a parar, por um momento sequer, para pensar que poderiam estar agarrados a um sistema obsoleto, a uma hierarquia de sistema único do século 20 que – mesmo com o reforço de grupos de análise de estratégias, forças-tarefa, gerentes de programa e consultores – colocou a empresa em grande risco desde o primeiro dia.

quatro

LIDERANÇA E EVOLUÇÃO

Estamos no meio de uma tempestade que vem se intensificando há décadas, impelida por avanços tecnológicos e pela integração global. Alguns setores de atividade estão sendo atingidos de maneira clara e direta por turbulências, novas ameaças competitivas, descontinuidades tecnológicas, novos riscos... mas também estão diante de novas oportunidades. Nenhuma empresa está imune a esse quadro. No passado, a centenária DuPont, por exemplo, conseguia competir com produtos com ciclos de vida de mais ou menos vinte anos; hoje em dia, alguns dos produtos da empresa apresentam ciclos de apenas dois anos. A indústria de jornais, que passou mais de um século operando baseada em um único modelo de negócio, caiu por terra diante dos nossos olhos, na última década. Os computadores pessoais sempre foram um produto bastante competitivo, mas, para empresas como a HP ou a Dell, hoje em dia ser "competitivo" não quer dizer muita coisa.

As melhores empresas estão voltadas a procurar e implementar novas maneiras de lidar com essas novas realidades. Em alguns casos, as práticas deram muito certo... até agora. Mas tudo o que tenho visto e todas as evidências que encontrei sugerem que as "melhores práticas" dos dias de hoje estão levando a resultados cada vez menos satisfatórios.

Por que isso acontece? E por que o problema só tende a piorar?

Para responder essas perguntas, precisamos analisar duas questões cercadas de enorme confusão. A primeira diz respeito às naturezas da gestão e da liderança. Uma série de mal-entendidos leva a acreditar que uma hierarquia focada na gestão, com executivos competentes no topo, é capaz de conduzir uma organização ao sucesso com mais rapidez e agilidade. Mas isso não é mais possível.

A segunda questão diz respeito ao modo como as empresas evoluem naturalmente ao longo do tempo. Tendemos a achar que as organizações passam de hierarquias muito pequenas, com poucos processos de gestão relativamente rudimentares, a hierarquias muito grandes, com processos bem mais formais e complexos. Mas simplesmente não é o caso. Com o tempo, as organizações de sucesso evoluem de estruturas em rede para estruturas hierárquicas e, no caminho, passam rapidamente por uma fase bem parecida com a de um sistema dual.

GESTÃO E LIDERANÇA SÃO DUAS COISAS DIFERENTES

Preste atenção às palavras que a maioria das pessoas usa no dia a dia e você vai ver que elas costumam usar os termos "gestão" e "liderança" como se fossem sinônimos. Quando elas chegam a fazer alguma distinção nos sentidos desses dois termos, em geral é em referência a níveis de uma hierarquia.

As pessoas do topo da hierarquia exercem a "liderança" – seja qual for o significado atribuído ao termo –, ou pelo menos é o que se espera delas. Já as camadas do meio da pirâmide devem se encarregar da "gestão", sem que fique claro o que isso quer dizer. Esse modo de pensar é impreciso e cada vez mais problemático.

A gestão é um conjunto de processos conhecidos que ajudam as organizações a produzir resultados confiáveis, eficientes e previsíveis. Uma excelente gestão nos ajuda a fazer bem o que já sabemos mais ou menos como fazer, não importa o tamanho, a complexidade ou o alcance geográfico de um empreendimento. Esses processos incluem planejamento, elaboração de orçamentos, tarefas de estruturação, seleção e alocação de pessoal, aplicação de políticas e procedimentos testados e comprovados para orientar as ações dos profissionais, a mensuração dos resultados e a resolução de problemas, quando os resultados não se mostrarem à altura dos planos.

A gestão, como a conhecemos hoje, é quase totalmente uma invenção do fim do século 20. Embora tenha raízes que remontam a séculos (como a administração do Império Romano), o que vemos hoje é um fenômeno bastante moderno. Hoje em dia, a gestão requer grande habilidade. Seria muito difícil para uma pessoa, em 1900, até para alguém instruído e qualificado, entender plenamente o que é a gestão moderna e o que poderia ser realizado com ela.

Nossos sofisticados processos atuais de gestão ainda não existiam no século 19 porque simplesmente não eram necessários. Por exemplo, pouco depois da Guerra Civil dos Estados Unidos (de 1861 a 1865), apenas algumas centenas de organizações tinham mais de cem colaboradores. Hoje em dia, o número de organizações norte-americanas com mais de cem colaboradores é bem maior que cem mil. Em

1900, o número de empresas com operações globais em todos os continentes era praticamente zero. Hoje em dia, esse número é tão grande que é difícil de calcular.

Sem uma gestão competente, as organizações que criamos no século passado, e que continuamos a criar hoje, não teriam como funcionar. Sem a gestão, o caos reinaria. Empresas desmoronariam e fechariam as portas rapidamente. A gestão é uma invenção extremamente importante, apesar de as pessoas comuns – ou até de um gestor típico – não fazerem ideia da maravilha que é.

Mas gestão e liderança são duas coisas diferentes.

A liderança diz respeito a definir uma direção. Diz respeito a criar uma visão, a capacitar e inspirar as pessoas que desejam concretizar essa visão e lhes dar recursos para fazer isso com energia e velocidade, orientadas por uma estratégia eficaz. Em seu sentido mais básico, a liderança diz respeito a mobilizar um grupo de pessoas para dar um salto em direção a um futuro melhor.

Muita gente associa uma excelente liderança a personalidades grandiosas e exuberantes, como Abraham Lincoln ou a rainha Vitória, que mobilizaram seus compatriotas a agir para defender alguma grande causa e atingiram resultados inimagináveis. É fácil achar que figuras imponentes e raras como essas revolucionaram a história pela sua liderança, e só por ela. Contudo, muitos outros fatores estavam em jogo e sabemos, sem dúvida alguma, que o número deles chega a ser ainda maior atualmente.

Hoje em dia, podemos encontrar todo tipo de pessoa, em qualquer situação, contribuindo com pelo menos algum grau de liderança. Um engenheiro de projetos deve assumir a iniciativa de liderança que dele se espera. Em decorrência da liderança dessa única pessoa, um pequeno grupo se mobiliza para encontrar e executar algo novo, obtendo resultados que outras pessoas da organização teriam considerado praticamente impossível. Você também poderá encontrar a liderança no nível hierárquico oficialmente conhecido como "gerência de nível médio". E, ao mesmo tempo, também é possível encontrar, algumas vezes, muito pouca liderança nas ações das pessoas situadas perto do topo de uma hierarquia.

AÇÕES NEGOCIADAS NA BOLSA DE VALORES DE NOVA YORK ANUALMENTE (EM BILHÕES)

Gestão	Liderança
Planejar	Definir um direcionamento
Definir orçamentos	Alinhar as pessoas
Organizar	Motivar as pessoas
Selecionar e alocar pessoal	Inspirar as pessoas
Mensurar resultados	Mobilizar as pessoas para atingir resultados surpreendentes
Resolver problemas	
Fazer bem o que já sabemos fazer	Impelir e orientar a organização para o futuro
Produzir sistematicamente resultados confiáveis e seguros	

Mais do que tudo, tanto na atualidade quanto no decorrer da história, a liderança tem sido associada a mudanças. Não se trata de mobilizar um grupo para continuar agindo como ele sempre o fez. Mas sim de mudar as pessoas e as organizações para que possam dar um salto a um futuro diferente e melhor, não importa quais sejam as ameaças, obstáculos ou novas circunstâncias.

No mundo dos negócios dos dias de hoje, a liderança é a força central que mobiliza as pessoas para criarem algo que antes inexistia. Em outras palavras, é a liderança que estabelece um empreendimento. A liderança também pega empreendimentos existentes e encontra novas oportunidades, faz mudanças para capitalizá-las e conduz as empresas para um futuro no qual elas poderão crescer e ter sucesso.

Sem a presença de uma "liderança suficiente", em um mundo em rápida evolução, as organizações ficam estáticas e é uma questão de tempo até fracassarem. E, quando digo "liderança suficiente", em organizações de qualquer porte, não me refiro à presença de um CEO grandioso ou a um comitê executivo espetacular. Uma pessoa sozinha ou um pequeno grupo no topo da hierarquia não têm como proporcionar toda a liderança "necessária". Um super-homem – ou um super-homem que supervisiona um grupo excepcional de gestores, que, por sua vez, chefiam colaboradores extremamente talentosos – não tem mais como dar conta do recado sozinho.

Então, o que é mais importante? A gestão ou a liderança? Para começar a responder essa pergunta, precisamos dar uma outra olhada nas funções de cada uma. A gestão se encarrega de assegurar a estabilidade e a eficiência necessárias para operar, com confiabilidade e segurança, os empreendimentos dos dias de hoje. Já a liderança possibilita a mudança necessária para a organização se beneficiar de novas oportunidades, evitar ameaças sérias e criar e executar novas estratégias. A questão é que a gestão e a liderança são muito diferentes e, quando organizações de qualquer tamanho atuam em ambientes voláteis, *ambas* são essenciais para atingir o sucesso.

Isso nos leva ao problema, talvez o mais fundamental de todos, que organizações de todo tipo estão enfrentando neste exato momento. Qualquer organização de sucesso, com mais de dez anos de existência e mais de trinta colaboradores, tende a ter muitas pessoas encarregadas de tarefas administrativas, realizando-as de forma minimamente adequada. Precisa ser assim – a menos que a organização não esteja sujeita a demandas imediatas de desempenho –, caso contrário, ela pode morrer... e bem rápido. Mas na maioria dos casos, especialmente quando estamos falando de organizações maiores e mais maduras, a liderança é simplesmente insuficiente. Um número considerável de pesquisas leva a essa conclusão e desconheço qualquer pesquisa confiável que corrobore a conclusão oposta.

A MATRIZ GESTÃO/LIDERANÇA

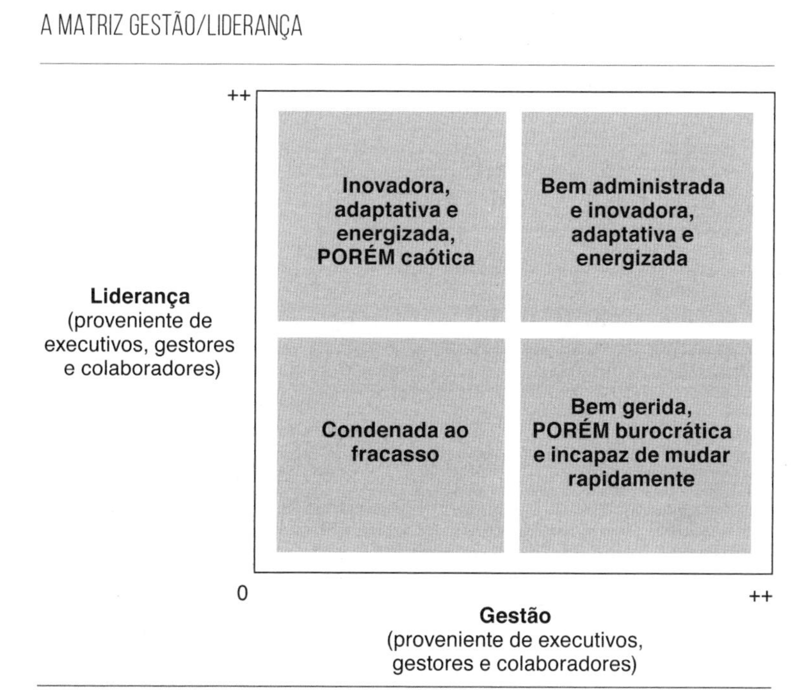

Se o mundo não estivesse mudando muito, a concorrência não fosse muito acirrada e os desafios estratégicos fossem restritos, até seria possível sobreviver nessa realidade.

Os indicadores de desempenho poderiam parecer excelentes. Mas... em um mundo não muito turbulento? Uma conjuntura na qual a concorrência por clientes ou verbas não seja muito acirrada? Um mundo como esse está desaparecendo rapidamente, diante dos nossos olhos.

Como isso foi acontecer? De onde vem esse problema de liderança? Também, nesse caso, não faltam mal-entendidos. E acredito que a melhor resposta para essas perguntas nunca chega a ser discutida.

O CICLO DE VIDA DAS ORGANIZAÇÕES

As *startups* de grande sucesso têm uma visão racional, focada no mercado. Praticamente todas as pessoas dessas empresas conhecem a visão da organização, estão comprometidas e alinhadas com ela e se empenham muito para concretizá-la. Em outras palavras, a liderança é forte e eficaz. Não importa se o empreendedor quer criar um novo tipo de biscoito de chocolate para vender ao público em geral ou um novo tipo de *microchip* para comercializar com outras empresas. A liderança de uma *startup* de sucesso pode provir, em grande parte, de um único empresário, mas em geral outras pessoas também exercem uma influência considerável, realizando pequenos atos de liderança que ajudam o empreendimento a avançar.

No começo, é difícil encontrar muita gestão. As histórias de *startups* de sucesso raramente incluem um organograma. As pessoas vão dar risada se você lhes pedir para ver o organograma da empresa. Há uma boa razão para isso. Empreendimentos como esses têm uma estrutura mínima de gestão hierárquica tradicional. Se você fosse traçar um diagrama que mostrasse o modo como eles operam, a estrutura seria mais parecida com a de um sistema solar ou de uma molécula em constante mutação. O diagrama mostraria uma rede, com um centro (um sol) e vários planetas, alguns dos quais podem ter luas ou até os próprios satélites. O empreendedor é sempre o sol. Em geral, ele tem uma, duas ou três pessoas-chave, também posicionadas no centro.

Os planetas não são áreas funcionais tradicionais ou, em outras palavras, não existe um planeta de marketing, de finanças, de operações e assim por diante. A empresa ainda não precisa pensar nesses termos. Em vez disso, os planetas representam tipos diferentes de iniciativas, em geral associadas ao *design* ou teste de novos produtos e serviços.

Nessa circunstância, é difícil encontrar uma hierarquia por *status*. A pessoa mais inexperiente da organização pode parecer mais importante do que o próprio empresário. O escritório não tem salas de tamanhos variados, associados a níveis diferentes de responsabilidade, como acontece em uma hierarquia. Não há reuniões de planejamento estratégico ou processos padronizados. A menos que a empresa seja obrigada a elaborar um plano de negócios para levantar fundos, não será possível encontrar, em qualquer lugar, um documento de planejamento de cem páginas.

Todas essas características – a visão, a energia, a rede plana, a facilidade de comunicação devido à ausência de silos, níveis ou políticas – podem dar a essa estrutura uma rapidez e agilidade incríveis. Uma iniciativa pode ser descartada sem hesitação e uma ideia melhor pode ser acolhida imediatamente. Não há necessidade de fazer dezesseis reuniões e discutir com pessoas cuja carreira profissional e remuneração estão vinculadas a alguma iniciativa. Esse tipo de agilidade pode levar uma jovem empresa de sucesso a avançar com muito mais rapidez do que seus concorrentes mais maduros.

O sucesso no mercado leva ao crescimento dessa empresa jovem e eficaz. Mais cedo ou mais tarde, ela é forçada a começar a construir uma estrutura com a qual estamos mais familiarizados, mesmo se o empreendedor não gostar muito da mudança. Estruturas e processos administrativos em sua forma mais básica começam a ser acrescentados por serem absolutamente necessários. Uma hierarquia começa a surgir, embora em uma forma bastante plana, horizontal, e normalmente sem descrições de cargo claras.

Contudo, nas organizações de sucesso, mesmo com o crescimento da estrutura e a inclusão de processos administrativos, o sistema empreendedor original não é descartado. A energia centrada nas iniciativas, a liderança de pessoas com autonomia e poder de decisão, a flexibilidade para trabalhar em diferentes grupos, tudo isso permanece intacto. Os dois sistemas coexistem em um esquema operacional dual totalmente orgânico. Em geral, o que une as duas partes e minimiza qualquer conflito é o empreendedor, que se torna o CEO da *startup* e continua ocupando sua posição no centro da rede. Por uma questão de evolução natural, e também por uma questão de necessidade econômica, as pessoas não têm mais como se dedicar exclusivamente às suas atividades originais da rede e precisam se posicionar em algum lugar na hierarquia. Assim, conexões pessoais fortes, entre a hierarquia e a rede, unem os dois sistemas.

Tenho observado que esse período do ciclo de vida de uma organização de sucesso é absolutamente extraordinário. É possível ver um crescimento bastante lucrativo e, em geral, uma cultura única e formidável. Os mercados de capitais também acabam notando isso, o que só reforça o sucesso dessas organizações.

Se a empresa continuar prosperando, suas necessidades operacionais aumentam de acordo com seu crescimento e a hierarquia orientada à gestão progride sem parar, com mais processos e níveis hierárquicos sendo adicionados. Por um tempo, a rede também pode crescer, com um número cada vez maior de novos colaboradores atuando nas várias iniciativas voltadas a encontrar oportunidades e ajudando a organização a manter a agilidade.

No entanto, se a empresa continuar a ter sucesso, mais cedo ou mais tarde a hierarquia cresce tanto que passa a impedir o desenvolvimento da rede. Às vezes um grupo de colaboradores originais sai da empresa por desaprovar o que eles consideram uma "burocracia" desnecessária. Tudo isso leva a tensões crescentes entre a rede rápida, ágil e em busca de oportunidades e a hierarquia confiável, eficiente e criadora de estabilidade. Como o lado da hierarquia tende a controlar os recursos e como ela, mais cedo ou mais tarde, acaba ficando muito maior do que o lado da rede, a hierarquia começa a destruir, discreta porém sistematicamente, a porção da rede da organização. Não é um processo mal-intencionado, mas algo que acontece naturalmente.

A hierarquia cresce, a rede encolhe e, em algum momento, acabamos basicamente com uma organização típica moderna. Isso não quer dizer que vamos ficar com 100% de gestão e 0% de liderança. Uma hierarquia madura, focada na gestão, sempre terá alguma liderança, normalmente no topo. No entanto, a aparência (a estrutura) e o motor (os processos) basicamente se limitam a tratar o lado esquerdo – a parte hierárquica do sistema dual nas ilustrações dos capítulos 1 e 2.

Nos casos em que o lado da rede não desaparece completamente, às vezes é possível encontrar fragmentos dela atuando fora das vistas da hierarquia. Ou pode haver grupos invisíveis e informais escondidos em cantos escuros da hierarquia, não mais operando como um sistema coordenado. Parte dos antigos conhecimentos ou práticas pode permanecer na organização com, digamos, um dos engenheiros de projetos originais que agora atua no departamento de produção. No entanto, a rede empreendedora já pereceu e, com ela, a visão, a paixão, a agilidade e a velocidade.

Com o tempo, esse fluxo, representado no diagrama na página ao lado, parece ser um padrão quase universal no ciclo de vida das organizações. Às vezes, o fluxo é natural e gradativo. Em outros casos, ele pode ocorrer rapidamente ou aos trancos e barrancos. Alguns solavancos ao longo do caminho são inevitáveis, à medida que as pessoas são obrigadas a se adaptar aos novos estilos de operação. O problema é agravado por hábitos arraigados, pelo medo do novo e do desconhecido e por uma desconfiança natural, por parte dos colaboradores do empreendimento original, contra a hierarquia.

Ao final dessa jornada, uma organização de sucesso pode ter conseguido consolidar uma sólida posição no mercado, poderosas economias de escala, uma robusta presença de marca e boas relações com os clientes. No entanto, na ânsia de crescer e atingir o sucesso, algo importante se perdeu. Apesar de a empresa sobreviver bem e ganhar um bom dinheiro, ela desfez-se do espírito inovador, da velocidade e da agilidade existentes no passado. Com o tempo, o crescimento desacelera-se... e desacelera-se ainda mais. Em algumas ocasiões, concorrentes mais ágeis conquistarão um bom número de clientes e a pressão sobre os preços começará a reduzir as margens de lucro. No entanto, a organização ainda tem presença, tamanho e força financeira suficientes para continuar operando, por algum tempo, sem realizar mudanças; longe, portanto, de entrar em colapso e desaparecer. Hierarquias focadas na gestão maduras e morosas até podem crescer, aplicando uma série de "melhores práticas". Já vimos que a maioria das organizações recorreu a algumas dessas práticas nas últimas décadas. No entanto, essa abordagem representa, na melhor das hipóteses, uma tática de postergação.

AÇÕES NEGOCIADAS NA BOLSA DE VALORES DE NOVA YORK ANUALMENTE (EM BILHÕES)

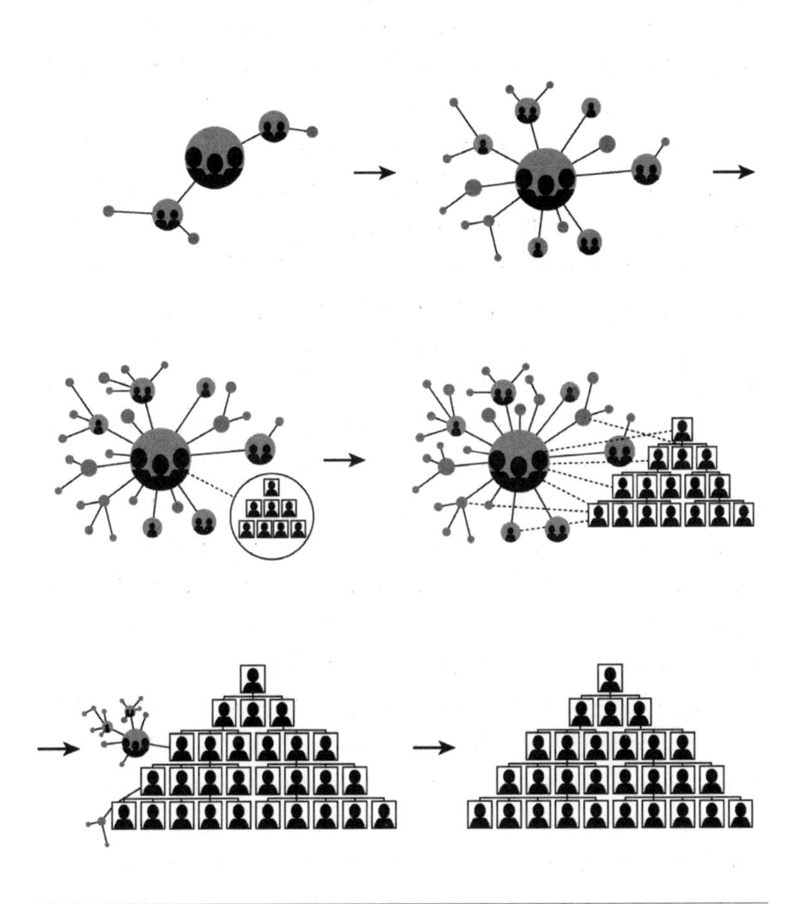

Essas melhores práticas podem assumir três formas. Os líderes as utilizaram – e ainda as utilizam –, com muita eficácia, em águas relativamente calmas. Na primeira forma, basta estender o horizonte de tempo do planejamento e da execução dos planos. Assim, todos os anos, os gestores não só fazem o planejamento operacional (pensando em termos de um ano no futuro) como também elaboram o "planejamento estratégico" (estendendo o horizonte de tempo para além de um ano). A execução continua normal, mas com um horizonte de tempo mais longo para pensar em planos e verbas. No segundo caso, a hierarquia e os processos de gestão são reforçados com novos departamentos (de "planejamento estratégico", "gestão de mudanças", entre outros), novo pessoal (em geral alocado a esses novos departamentos), forças-tarefa temporárias (também chamadas de "equipes especiais", "grupos de trabalho", e assim por diante) e novas relações entre os quadros do organograma (por exemplo, forças-tarefa com "patrocinadores" executivos). Na terceira prática, a organização tenta comprar, em vez de desenvolver, novas competências. São adquiridas empresas que já executam a estratégia desejada ou que têm a agilidade e a velocidade necessárias. O caso apresentado no Capítulo 3 incluiu características dessas três soluções. No entanto, a iniciativa do sistema informatizado de RH se valeu em grande parte, como costuma ser o caso nos dias de hoje, da segunda abordagem (a expansão).

O problema básico de todos esses métodos é que eles se fundamentam em um sistema hierárquico focado na gestão. Todos eles se baseiam em uma estrutura criada para proporcionar estabilidade, confiabilidade e eficiência. Sim, com uma boa liderança é possível estender os horizontes de tempo do planejamento e da execução, criar todo tipo de novos departamentos e forças-tarefa, bem como fazer aquisições para ganhar mais velocidade e agilidade. Mas a base, o núcleo do sistema, determina seus limites.

Melhores práticas como essas são como enfeites – alguns encantadores, sem dúvida – em uma árvore de Natal. Mas, por mais atraentes que os adereços possam ser, tudo isso não passa de uma árvore de Natal (no caso, uma hierarquia focada na gestão criada tendo em vista a eficiência e a confiabilidade).

Depois de um tempo, se os gestores continuarem acrescentando luzes piscantes, ornamentos reluzentes e estrelas fulgurantes no topo, a árvore vai começar a ficar menos – e não mais – atraente. Se a árvore continuar a ser decorada ainda mais, em algum ponto vai tombar. E, com base em tudo o que já vi, qualquer organização, até empresas do calibre de um Facebook ou de um Google, está vulnerável a essa evolução organizacional tão natural.

DE VOLTA PARA O FUTURO

O que se deve fazer? Algumas pessoas acham que devemos simplesmente esquecer as organizações maduras e fechá-las, substituindo-as por empreendimentos novos e vibrantes. Entretanto, ainda não sabemos como lidar com dezenas de milhões de pessoas que regularmente perdem o emprego e são jogadas de volta ao mercado de trabalho. E organizações grandes e maduras podem ser extraordinariamente eficientes, o que faz com que sejam capazes de oferecer produtos baratos, e também ser extremamente confiáveis, o que permite que esses produtos sejam produzidos com uma qualidade uniforme.

Nos dias de hoje, as organizações maduras não precisam ser fechadas nem destruídas. Para avançar, elas necessitam seguir um caminho que as levará quase "de volta para o futuro", mas sem ter de voltar até as origens, quando eram novas e muito pequenas. A trajetória essencial leva a uma nova versão de um estágio pelo qual todas as organizações de sucesso passam. Nesse estágio, elas empregam um sistema operacional dual que produz, ao mesmo tempo, agilidade, velocidade, confiabilidade e eficiência. Um ambiente como esse é ideal para o mundo de hoje, que avança em uma velocidade alucinante. E sabemos que é possível criar sistemas como esses. Milhares de organizações conseguiram evoluir e chegar a esse ponto.

Os sistemas duais são parte natural da jornada evolutiva de todas as empresas de sucesso. Nós só deixamos de notá-los, por uma série de razões. Para começar, não estávamos em busca de sistemas duais. As próprias empresas que passam por esse estágio não percebem isso acontecendo. A maioria das pessoas que trabalha em organizações maduras não estava lá para ver o estágio do sistema dual no início do ciclo de vida delas. E os sistemas duais que ocorrem naturalmente, em geral, não se sustentam.

Quase duas décadas atrás, algumas empresas entraram no caminho de volta para o futuro. Em geral, elas estavam diante de uma única mudança estratégica de grande escala. Algumas conseguiram resultados notáveis. As mais famosas incluem a General Electric, que aumentou sua capitalização de mercado de US$ 19 bilhões para US$ 350 bilhões, uma façanha que nenhum analista financeiro jamais teria previsto para uma grande e velha empresa operando em setores de atividade maduros, e a IBM, que escapou da morte ao se reinventar como uma empresa prestadora de serviços e não mais como vendedora de produtos. Documentei as estratégias de mudança de dezenas de empresas menos conhecidas em vários livros, inclusive *Liderando mudanças*, *O coração da mudança*, *Nosso iceberg está derretendo*, *A sense of urgency* e *Buy-in*.

Hoje, algumas organizações – não muitas, mas algumas – estão tomando providências adicionais para criar sistemas duais sustentáveis. O que esses pioneiros fizeram não seria algo natural para a maioria das organizações, pelo menos por enquanto. Isso só acontece quando as pessoas se forçam a seguir por esse caminho – o da criação de sistemas duais sustentáveis. Embora os detalhes pareçam variar, dependendo da situação, é possível identificar um padrão. Tudo se baseia em alguns poucos princípios. E tudo é impulsionado por alguns poucos processos. Os resultados vão de ótimos a espetaculares, em contextos nos quais os riscos são cada vez maiores e as possibilidades de perda financeira se tornam enormes.

No próximo capítulo, vamos analisar um caso que mostra a criação de um sistema dual sustentável.

cinco

OS CINCO PRINCÍPIOS E OS OITO ACELERADORES EM AÇÃO

Nunca é fácil acelerar o funcionamento de uma organização, tornando-a mais rápida e mais ágil para lidar com os desafios estratégicos. É fundamental saber a diferença entre liderança e gestão. Também ajuda a conhecer as origens empreendedoras de sua empresa. No entanto, a construção de um sistema dual completamente funcional e sustentável não é mera questão de replicar o passado ou convencer os gestores a liderar mais e gerir menos.

No Capítulo 2, descrevi em linhas gerais os princípios e processos que definem um sistema dual. Os princípios constituem a base desse sistema. Os processos aceleradores, orientados por esses princípios, são os elementos constitutivos básicos. Eles começam a criar o sistema assim que se voltam para enfrentar o maior desafio estratégico ou aproveitar-se da oportunidade que se apresenta à organização. Em seguida, os Aceleradores continuam construindo e reforçando organicamente o sistema dual, que se fortalece e se torna cada vez mais autossuficiente, dando à organização a agilidade e a velocidade necessárias para enfrentar um mundo cada vez mais rápido e volátil.

Esse método para ajudar as organizações a avançar em direção a um novo estágio (que na verdade se parece com a fase antes experimentada por elas) pode ser aplicado, qualquer que seja a condição atual delas – ou, em outras palavras, independentemente de elas serem comandadas por uma hierarquia básica focada na gestão, por uma hierarquia com processos de planejamento e execução estendidos para incluir horizontes de tempo mais longos, por uma organização concebida como uma hierarquia expandida ou reforçada por todo tipo de novos colaboradores, departamentos e relações de subordinação, com qualquer um desses estados sendo complementados por certos tipos de aquisições, ou até uma organização em um estágio anterior de evolução, que ainda não entrou no quadrante maduro, mas que avança implacável e previsivelmente por um caminho que, mais cedo ou mais tarde, a levará a um dos estados que acabei de relacionar.

Para ajudá-lo a entender melhor como tudo isso funciona, apresentarei, como fiz no Capítulo 3, um estudo de caso. Nenhuma situação é igual à outra, naturalmente, mas muitos detalhes do exemplo a seguir parecem ser típicos.

O CASO DA ÁREA DE VENDAS DE DAVIDSON

Paul Davidson, o diretor de vendas de uma divisão de uma grande empresa de tecnologia *business-to-business*, passou mais de 24 meses vendo o crescimento das vendas desacelerar. O faturamento continuava crescendo, mas em uma velocidade cada vez menor. Quando concluiu que sua divisão devia estar perdendo participação de mercado, ele procurou uma consultoria e encomendou um estudo para ter uma ideia melhor da situação e receber recomendações para entrar em ação. O estudo ficou pronto quatro meses depois e os dados mostravam que a participação de mercado de fato tinha caído, um pouco menos do que quatro pontos percentuais, nos dois anos anteriores, deixando a empresa de Davidson em quinto lugar, em um setor dominado por um único concorrente.

Segundo os consultores, parte do problema era que a organização de Davidson havia se arrastado atrás de dois concorrentes, ao estabelecer suas operações na Ásia. Os clientes, por sua vez, passaram a comprar mais produtos indiretamente, por meio de intermediários, e o líder do setor de atividade tinha alavancado essa tendência com mais rapidez do que a organização de Davidson. Os consultores relataram que nenhuma empresa concorrente tinha produtos claramente superiores, mas, com ciclos de vida cada vez menores, esse aspecto de seus produtos deixava Davidson em uma posição constantemente vulnerável. Os dados também sugeriam que os custos das vendas por unidade vendida eram altos, por uma série de razões históricas, especialmente em comparação com os custos dos dois primeiros colocados do setor. Custos altos significavam margens de lucro menores. E também levavam o superior de Davidson a relutar em financiar algumas ideias da área de vendas, que já estava tendo problemas em campo.

Os consultores argumentaram que as medidas necessárias para resolver a situação não deveriam envolver apenas ajustes secundários, mas mudanças consideráveis. Eles também apresentaram em detalhes um possível processo de implementação não muito diferente do que Davidson já tinha aplicado com sucesso no passado, com um grupo de gerenciamento de projetos no centro das atividades, várias forças-tarefa, patrocinadores executivos, relatórios regulares para a equipe executiva e uma estrutura de governança supervisionando tudo. No entanto, Davidson achava que os métodos sugeridos jamais produziriam, a tempo, o tipo de mudança necessária.

Munido do estudo estratégico (tirando a parte relativa à implementação), ele iniciou discussões com seus colaboradores diretos, o presidente de sua divisão e o CEO da empresa. O objetivo era obter o apoio deles para dar andamento a várias iniciativas dinâmicas e carta branca para executá-las como o próprio Davidson achasse melhor. Quando o CEO finalmente concordou e os outros pararam de resistir, Davidson seguiu em frente e saiu em busca de um método que se adequasse às suas necessidades.

Davidson encontrou meio por acaso algumas pesquisas sobre a abordagem dos sistemas duais. Olhando para trás agora, ele conta que no começo não entendeu boa parte das explicações sobre os Aceleradores e sobre a estrutura hierárquica e de rede. Mas os princípios básicos, pelo menos intuitivamente, pareciam fazer sentido para ele.

OS CINCO PRINCÍPIOS APRESENTADOS A DAVIDSON

Os princípios foram descritos a Davidson basicamente como se segue.

A aceleração requer um número muito, mas muito maior, de agentes de mudanças, não só os poucos escolhidos habitualmente. Davidson foi informado de que uma hierarquia focada na gestão, mesmo com bons reforços, aloca um número relativamente pequeno de pessoas em funções importantes para as atividades de aceleração estratégica, que lhes dariam a liberdade de iniciar a ação e não apenas seguir ordens. Mas, para produzir uma ação muito mais rápida e ágil era preciso aumentar consideravelmente esse número. Não só em 50%, mas algo na casa dos 500% ou 1.000%. Este é o primeiro princípio: é preciso aumentar drasticamente o número de pessoas envolvidas na criação ou execução das iniciativas estratégicas. A abordagem costumeira – algumas poucas forças-tarefa, um ou dois patrocinadores executivos, um ou dois gerentes de projetos, além do fato de que todos os cargos acabam sendo preenchidos pelos escolhidos de sempre – estará bem longe de dar conta do recado.

Davidson aprendeu que jamais conseguiria mobilizar um número grande de agentes de mudanças sem alterar a mentalidade voltada às obrigações (do tipo "eu tenho de...") por um modo de ver direcionado para as oportunidades ("eu tenho a chance de...") e aos desejos ("eu quero..."). Um sistema único tradicional escolhe as pessoas, de preferência as certas, que recebem novas responsabilidades, normalmente complementando seu trabalho do dia a dia. Mesmo quando uma hierarquia indica uma quantidade maior de pessoas (o que é raro), a estrutura não arregimenta um número considerável de agentes de mudanças energizados. O que acaba acontecendo é que hordas de gestores e colaboradores são forçadas a comparecer relutantemente às reuniões, a menos que consigam encontrar algum jeito de escapar delas. Os processos de aceleração podem atingir resultados espetaculares por se basearem em uma visão simples: as pessoas energizadas que produzem mudanças concretas quase sempre querem fazer exatamente isso e sentem que estão autorizadas a fazê-lo. Essas pessoas não se sentem assoberbadas ou assediadas nem sobrecarregadas com tarefas adicionais. Desse modo, nosso segundo princípio diz respeito à necessidade de encontrar voluntários.

Davidson ficou sabendo (o princípio número 3) que as pessoas devem ser motivadas não só pela cabeça, mas também pelo coração. O princípio inerente a um sistema hierárquico tradicional é a crença de que lógica (um bom estudo de viabilidade) e dinheiro são os ingredientes essenciais para motivar as pessoas a aceitar as novas responsabilidades como agentes de mudanças. O princípio testado e comprovado de um sistema de rede é que as pessoas vão querer atuar como agentes de mudanças, vão se oferecer como voluntárias e se encarregarão de realizar trabalho adicional, sem a necessidade de receber incentivos tangíveis, caso sintam que a tarefa faz sentido e, mais ainda, se se empolgarem verdadeiramente com ela. Com esse tipo de paixão, é incrível o que as pessoas se dispõem a fazer... e sem qualquer custo adicional.

Além disso, Davidson aprendeu que uma liderança mais abrangente é ao mesmo tempo fundamental e viável. Não se trata de agregar muito mais gestão. Uma rede aceleradora da estratégia não pode ser caótica. Ela precisa ser gerida. No entanto, a mentalidade e os comportamentos cruciais – que iniciam a ação sem esperar ordens dos superiores; que têm uma visão do que pode ser feito, em vez de apenas descobrir o que precisa ser feito dentro dos limites normais; que ajudam as pessoas a aceitar com entusiasmo as decisões sobre o que fazer; que superam os obstáculos com criatividade e que trabalham incansavelmente até as oportunidades serem capitalizadas – são, sem exceção, mentalidade e comportamentos de liderança. Não precisam ser ações grandiosas, ao estilo de Churchill – pelo contrário, elas podem ser bastante modestas. Mas o efeito é cumulativo. Um bom número dessas ações se acumula para resultar no ímpeto necessário para acelerar a iniciativa. Portanto, o princípio número 4 é: liderança, liderança, liderança.

Por fim (o princípio número 5), Davidson foi informado de que, embora dois sistemas sejam necessários para encetar a aceleração, os dois devem agir integrados, como se tratasse de uma única organização. Pode parecer óbvio, mas é um princípio universal crucial. Para ser eficaz, uma rede aceleradora da estratégia deve atuar de maneira integrada e orgânica com a hierarquia focada na gestão, possibilitando que a organização como um todo continue fazendo o trabalho com eficiência e confiabilidade, ao mesmo tempo em que se aprimora de maneira incremental e constante e enfrenta os desafios estratégicos, cada vez maiores nos dias de hoje, com rapidez e agilidade.

Davidson ficou sabendo que todos os Aceleradores que criam e depois operam a parcela da organização focada na rede se fundamentam nesses cinco conceitos básicos. Os Aceleradores garantem que as realizações de um sistema dual – e a própria rede – se mantenham sustentáveis com o passar do tempo. Os oito processos não deixam o sistema se dissolver, o que tenderia a acontecer na evolução natural do ciclo de vida de uma organização.

ACELERADOR 1: SENSO DE URGÊNCIA ALINHADO A UMA GRANDE OPORTUNIDADE

Davidson convocou o comitê executivo da área de vendas – formado por dez pessoas – para um encontro de um dia inteiro. Ele disse à sua equipe que estava ficando cada vez mais claro o que precisaria ser providenciado: uma ampla gama de intermediários para comprar e distribuir os produtos da organização, com a participação destes na definição de soluções para os problemas apresentados por seus clientes; a capacidade de entrar mais rapidamente no mercado, com novos produtos; um foco maior nos mercados asiáticos de alto crescimento; e uma operação de vendas menos dispendiosa. Esses desafios, ele disse, constituíam oportunidades para que uma grande contribuição para a divisão como um todo fosse feita – e não só para a área de vendas. Mas Davidson estava convencido de que eles precisavam agir sem demora. Ele também disse que os consultores tinham deixado claro que as despesas já eram altas, de modo que não seria viável contratar novas pessoas para acelerar as ações estratégicas. Em vista disso, eles teriam de tirar o máximo possível do pessoal disponível. Simplesmente forçá-los a se empenhar mais não surtiria o efeito desejado, visto que muitos colaboradores já estavam sobrecarregados.

O desafio seria energizar rapidamente um processo, para criar um maior senso de urgência, envolvendo o maior número de pessoas possível, em torno das necessidades e possibilidades estratégicas.

Davidson pediu que sua equipe detalhasse a Grande Oportunidade – e como ela afetaria a divisão – e elaborasse uma declaração ou objetivo com o qual todos os presentes na reunião daquele dia poderiam se comprometer. Ele queria que a declaração fosse positiva, curta, clara e energizante, isenta de profecias de desgraça ou possíveis consequências ameaçadoras. Ele também queria uma mensagem que até seu pessoal mais analítico achasse difícil ignorar. E, o mais importante, a mensagem precisaria mobilizar o maior número possível de pessoas, motivando-as a ir ao trabalho todo dia de manhã, para ajudar a realizar as mudanças estratégicas necessárias. Nada de ficar assistindo das arquibancadas. Nada de resistir à mudança. Nada de sair atirando para todos os lados. E o ponto de partida, Davidson disse, era a equipe criar uma mensagem na qual ela acreditasse profundamente e que a inspirasse a agir. Ele deixou bem claro que a ideia não era criar uma "mensagem motivacional" a ser entregue ao departamento de comunicação e transmitida em cascata, de cima para baixo na hierarquia.

Eles começaram falando sobre as tendências de compra dos clientes, os avanços tecnológicos e o que os concorrentes pareciam estar fazendo. Lá pelas quatro da tarde, com a ajuda de facilitadores experientes, exercícios em pequenos grupos e com a equipe toda, e em um tom implacavelmente positivo, eles conseguiram elaborar uma declaração bastante simples, com apenas quatro pontos:

- Estamos convencidos de que temos a oportunidade de aumentar consideravelmente nosso crescimento de vendas em dois anos e nos tornar a melhor organização de vendas desse setor de atividade.

- Essas perspectivas são realistas porque: 1) as necessidades dos clientes estão mudando, exigindo que os concorrentes também se modifiquem, mas não se sabe se eles conseguirão fazê-lo com rapidez suficiente; 2) os mercados de países em desenvolvimento estão começando a ter um crescimento explosivo; e 3) claramente, não estamos operando no máximo da nossa eficiência.

- Não temos mudado com rapidez suficiente para corresponder às demandas externas, apesar de termos um pessoal excelente. Mas somos capazes de mudar mais rápido. Já fizemos isso no passado, quando éramos menores.

- Se fizermos tudo corretamente, nada nos impedirá de criar uma organização de campo de enorme sucesso, da qual todo mundo – a começar por nós – se orgulhará de participar.

Pode não soar muito empolgante, mas, no fim da reunião, cerca da metade da equipe estava clara e visivelmente energizada. A razão para isso era que aquelas pessoas não estavam satisfeitas com a situação vigente e pareciam querer trabalhar em uma empresa disposta a seguir um plano mais agressivo.

Outros membros da equipe apoiaram a ideia porque sabiam que era preciso fazer mudanças; reconheciam que quaisquer mudanças estratégicas que eles estavam promovendo não avançavam com velocidade suficiente; e acreditavam que ajudaria muito se eles conseguissem alinhar um número maior de colaboradores e gerentes de vendas em torno de algumas ideias simples. Dois dos executivos presentes na sala não conseguiam imaginar como esse exercício poderia ajudar e se preocupavam com os possíveis riscos para a própria carreira.

O diretor do grupo europeu, sediado em Frankfurt, pertencia ao primeiro bloco. Ele tinha sido uma estrela do atletismo na faculdade e nunca acreditou em almejar nada menos do que a medalha de ouro. O diretor de finanças da divisão ficava no segundo grupo. Ele tendia a resolver os problemas de custos simplesmente impondo grandes cortes de verbas a todos. Mas ele era esclarecido o suficiente para saber que alguns grupos (como a Europa) poderiam se rebelar abertamente, o que levaria a várias consequências bastante incertas. Além disso, a declaração de oportunidade fazia projeções ousadas sobre um possível incremento do faturamento sem fazer qualquer menção à necessidade de aumentar o número de colaboradores ou outras despesas, o que lhe daria maior poder de alavancagem nas discussões de definição do orçamento, para tentar estabelecer verbas que ele considerasse razoáveis. Um dos dois céticos era o diretor da maior região (e a com maior número de problemas). Ele ficou descontente por várias razões: sua divisão não tinha como absorver mais trabalho; ele era um gestor bastante orientado ao controle e não gostava das incertezas inerentes à nova iniciativa; ele tinha medo de acabar em uma posição na qual sua divisão seria incapaz de entregar os resultados esperados; e talvez (mesmo sem se dar conta disso) temesse ser colocado em uma posição politicamente precária.

Ao final da reunião, um dos integrantes do primeiro grupo se ofereceu para montar uma equipe com a finalidade de continuar o que eles haviam começado naquele dia: criar um intenso senso de urgência estratégica por toda a organização. Davidson deixou absolutamente claro que eles não deveriam nomear uma força-tarefa, de modo que a equipe acabou sendo composta de 21 voluntários da área de vendas espalhados por diferentes regiões. Os 21 voluntários tinham uma boa credibilidade e atuavam em vários níveis da hierarquia. Eles queriam uma mudança mais rápida e acolheram, tanto na cabeça quanto no coração, o que passaram a chamar de Declaração da Grande Oportunidade. Essas pessoas concordavam com uma meta ambiciosa: conquistar o apoio sincero de pelo menos a metade dos quatro mil integrantes da área de vendas à declaração e convencê-los a agir de acordo.

Essa "equipe de urgência" passou três meses elaborando e implementando ideias para promover um amplo entendimento da Declaração da Grande Oportunidade, e para angariar um grande entusiasmo pela visão e um profundo comprometimento com as ideias expressas na declaração. A equipe fazia duas teleconferências por mês, mas o trabalho de verdade era realizado por dez subgrupos, cada um trabalhando de maneira um pouco diferente dos demais.

As equipes organizaram encontros com os vendedores, criaram materiais de apoio para ajudar os gerentes de vendas de primeira linha a engajar seu pessoal na iniciativa e um portal na intranet repleto de informações, vídeos, blogs e histórias das mudanças que já estavam sendo realizadas pelo pessoal de vendas. Os subgrupos de urgência foram criativos. Mas, acima de tudo, eles foram implacáveis.

Os subgrupos conseguiram se beneficiar do encontro anual de três dias da gestão de vendas, agendada para apenas um mês depois da criação do grupo de urgência. O encontro daquele ano se concentrava na computação em nuvem, contava com cerca de 400 participantes e a programação incluía palestrantes de dentro e de fora da empresa. Uma subequipe de urgência convenceu os organizadores a alterar cerca de um quarto da programação para se voltar, direta ou indiretamente, à Declaração da Grande Oportunidade, às possibilidades estratégicas e à necessidade de mudança.

No encontro, algumas ideias apresentadas pela equipe de urgência não foram exatamente um sucesso de público. Os participantes mais céticos se divertiram muito com os bótons distribuídos, com os dizeres "Estou dentro". Mas algumas ideias se revelaram bastante energizantes. Um discurso de improviso de vinte minutos de um dos membros da equipe de urgência – um dos colaboradores mais antigos e respeitados na organização – teve uma grande influência. Ele explicou as razões que o levaram a entrar na empresa e todas as mudanças que gostaria de ver acontecendo, rapidamente, antes de se aposentar. O discurso emocionou visivelmente muitas pessoas.

A ação teve um resultado rápido e inesperado: algumas pessoas se puseram imediatamente a realizar algumas pequenas e improvisadas ações para impelir a área de vendas na direção da oportunidade almejada. Quando essas ações começaram a levar a resultados concretos, por menores que fossem, eles passaram a ser chamados de "vitórias" e a equipe de urgência se pôs a identificá-los e postá-los no portal da iniciativa.

A equipe de urgência começou a acumular sucessos rapidamente; o avanço se estabilizou no fim do trimestre, quando todos estavam ocupados em fechar negócios e cumprir as metas de vendas; e decolou exponencialmente à medida que grupos de pessoas cada vez maiores na organização conversavam – às vezes usando argumentos analíticos, outras, argumentos emocionais – com os colegas, sobre a Grande Oportunidade.

ACELERADOR 2: O GRUPO NORTEADOR

Pouco antes de a equipe de urgência reconhecer que tinha atingido sua meta, ou chegado perto disso, Davidson enviou um e-mail convidando os colaboradores para se candidatar a um ano de atuação no grupo central (o grupo norteador) de um novo tipo de organização que ele queria criar. O formulário de inscrição perguntava por que o candidato queria participar do grupo norteador, como ele planejava lidar com a carga de trabalho adicional e que ideias tinha para ajudar a organização a capitalizar a Grande Oportunidade. O formulário só explicava, em termos bastante gerais, o que o grupo norteador faria: atrair e ajudar a orientar outros voluntários que trabalhariam para acelerar o movimento de alavancagem dos quatro pontos da Declaração da Grande Oportunidade. Apesar da descrição vaga das atribuições – embora o grupo tenha deixado absolutamente claro que a função seria um complemento ao trabalho normal dos voluntários –, 210 pessoas se candidataram para 35 vagas.

Os colaboradores céticos se surpreenderam com o número de candidatos. No entanto, como um dos integrantes da equipe executiva de Davidson observou, o número não era absurdamente alto. Depois das ações de urgência, mais de duas mil pessoas da área de vendas afirmaram que apoiavam a iniciativa. Desses dois mil colaboradores, 10% se ofereceram para participar do grupo norteador. Considerando o trabalho espetacular da equipe de urgência, será que 10% era mesmo uma porcentagem tão surpreendente?

Uma subequipe do grupo de urgência selecionou os 35 candidatos mais adequados. A maioria das pessoas escolhidas era da média gestão ou abaixo dela. Todas as regiões da empresa ao redor do mundo foram representadas no grupo. Duas pessoas que se reportavam a Davidson foram incluídas, bem como três executivos ou assistentes administrativos.

Todos os voluntários escolhidos foram selecionados porque, entre outros critérios, elaboraram justificativas bastante convincentes, tinham uma boa credibilidade entre as pessoas com quem normalmente interagiam e não demonstravam sinais de ter qualquer motivação política para se candidatar ou de esperar apenas avançar na carreira ou proteger seu território. O comitê executivo de vendas concordou com a seleção, insistindo em apenas uma alteração: recusar uma pessoa que eles achavam que já estava trabalhando 120% em uma função importantíssima do "lado esquerdo". Davidson enviou imediatamente uma mensagem aos 35 candidatos, informando que eles tinham sido selecionados e explicando, em termos gerais, o porquê da escolha. Ele agradeceu por terem se oferecido para ajudar a organização a avançar rapidamente em uma jornada tão importante.

Ele também mandou uma mensagem aos candidatos que não foram escolhidos, dizendo que precisaria muito da liderança deles para conquistar a Grande Oportunidade, mas não, pelo menos naquele momento, no grupo norteador.

O grupo norteador deu início a suas atividades em um encontro de dois dias fora do escritório. O grupo atuava sem um líder formal, embora um facilitador tenha sido encarregado de conduzir essa e outras reuniões e teleconferências subsequentes. Uma primeira versão do conteúdo dos capítulos 1 e 2 deste livro foi apresentada e discutida. O grupo conduziu uma série de exercícios de desenvolvimento de equipe e engajamento e discutiu a Declaração da Grande Oportunidade. Davidson compareceu para agradecer os participantes pela disposição de ajudar a fazer uma grande diferença na organização.

No início, os participantes tiveram muitas dúvidas. O que exatamente vamos fazer? Como isso vai ser feito? Qual é o cronograma? Quem é o responsável? Uma explicação do que é um sistema dual ajudou até certo ponto. Estudos de caso, como o exemplo apresentado neste capítulo, também contribuíram. Mas acredito que era impossível explicar, com clareza, como algo que as pessoas nunca viram antes funcionaria na prática. Assim, o primeiro dia do encontro se concentrou em uma mensagem simples: vocês terão a chance de fazer uma diferença concreta nesta organização, de uma maneira estrategicamente importante. Sabemos que isso pode ser feito porque outros grupos como este, em outras empresas, já o fizeram.

Como seria de se esperar, a grande diversidade de *status* formais representados no grupo norteador causou estranheza, já que pessoas acima e abaixo na hierarquia trabalhariam lado a lado na iniciativa. No entanto, com o tipo certo de tom e interações, uma nova lógica organizacional, mais flexível e meritocrática, começou (aos poucos) a se consolidar: para qualquer atividade da rede, as pessoas que tivessem as melhores informações, conexões, motivação e habilidades assumiriam a liderança, não necessariamente a pessoa com a posição mais elevada na hierarquia.

ACELERADOR 3: INICIATIVAS ESTRATÉGICAS E UMA VISÃO DE MUDANÇA

Uma vez formado o grupo norteador, sua primeira prioridade foi elaborar o esboço de uma visão de mudança para orientar o trabalho e uma lista de iniciativas estratégicas potenciais nas quais ele poderia se concentrar, com a ajuda de muitos outros voluntários. A lógica era simples: tentar vislumbrar com a maior clareza possível o destino da iniciativa; tentar se concentrar em ações específicas para concretizar essa visão; e tentar alinhar todas as iniciativas com a declaração de Grande Oportunidade. Orientados pelas recomendações da alta gestão, o estudo externo que Davidson tinha encomendado e opiniões de colegas espalhados por toda a organização, foi elaborada uma declaração de visão mais ou menos nos seguintes termos:

> Em doze meses, a área de vendas deverá estar conquistando participação de mercado, pela primeira vez em anos: 1) alavancando os intermediários de maneira mais eficaz do que nunca; 2) crescendo em mercados emergentes com o dobro da velocidade de hoje; 3) desenvolvendo uma disciplina completamente nova, em torno da inovação, em tudo o que fazemos; e 4) tomando decisões importantes na metade do tempo de hoje (por exemplo, em duas semanas, em vez de um mês). Mobilizaremos um grupo orgulhoso e empolgado de pessoas e continuaremos ganhando ímpeto para nos transformar na organização de vendas mais admirada do setor de atividade e o melhor lugar para se trabalhar nele.

Quando essa declaração de visão foi apresentada aos membros do comitê executivo de vendas, um ou dois deles podem ter desprezado a ideia como mero "papo para boi dormir", mas a maioria a considerou uma ousadia revigorante. O comitê adorou ver pessoas da organização comprometidas com metas tão grandiosas e, ainda por cima, se oferecendo voluntariamente para isso.

Em seguida, o grupo norteador se pôs a identificar as iniciativas estratégicas que ajudariam a concretizar a visão e capitalizar a Grande Oportunidade. De uma lista inicial de quase vinte possibilidades, seus integrantes concordaram com cinco iniciativas nas quais as pessoas mais queriam trabalhar, incluindo atrair e contratar colaboradores espetaculares com experiência na Ásia (uma tarefa difícil de realizar no setor, já que o melhor pessoal com esse tipo de experiência era raro e extremamente requisitado) e aumentar a rapidez e a eficiência do processo de lançamento de produtos (uma questão cada vez mais premente devido aos ciclos de vida cada vez mais curtos dos produtos e alguns atritos existentes entre a área de vendas e a de engenharia que perduravam desde o início da história da empresa).

A lista de iniciativas foi entregue ao comitê executivo de vendas, que ficou, de modo geral, entusiasmado com ela. Eles discutiram o alinhamento – entre o plano operacional da hierarquia, seus próprios projetos especiais, o relatório da consultoria, a Grande Oportunidade, a visão de mudança e as iniciativas estratégicas do novo lado direito – e não viram problema algum. No entanto, eles temiam que o grupo norteador pudesse estar tentando fazer coisas demais e rápido demais. O grupo norteador conversou a respeito disso na teleconferência quinzenal, prorrogou o prazo de uma das iniciativas, arregaçou as mangas e botou as mãos na massa.

Ao unir a hierarquia tradicional com a nova rede, o relacionamento entre o grupo norteador e o comitê executivo de vendas acabou se revelando crucial, apesar de todas as dificuldades. No começo, o comitê executivo de vendas incluiu o grupo norteador em sua agenda de reuniões, espremido entre um grande número de atividades de rotina do lado esquerdo (como um problema específico com um grande cliente ou um relatório de gerenciamento de projetos sobre a abertura de dois escritórios na Ásia). O resultado foi inevitável: o grupo norteador foi tratado como o agente de mais uma atividade do lado esquerdo, como mais um grupo de colaboradores reportando-se aos superiores, em um processo mais parecido com uma inquisição do que com um diálogo. A motivação esmoreceu. O livre fluxo de comunicação desacelerou e as interações se tornaram mais cautelosas. Até alguém identificar o problema e se manifestar.

Davidson recorreu a um serviço de *coaching* para esclarecer como seu comitê executivo e o grupo norteador deveriam interagir. Com a ajuda, os dois grupos aprenderam que precisavam conversar regularmente para se manter alinhados. O comitê executivo se conscientizou melhor de qual era sua função no novo sistema, que incluía, em grande parte, modelar o que a hierarquia precisaria fazer para possibilitar o crescimento e incorporar as contribuições da rede. Davidson também entendeu melhor seu papel, que era o de liderar a iniciativa e não administrá-la ou tentar agir como o "chefe" do grupo norteador. Ele aprendeu que era essencial atuar como um modelo exemplar, celebrando os sucessos do grupo norteador e tratando-o feito um parceiro, e não como um grupo de trabalho tradicional.

Como resultado do *coaching*, todas as interações e relações entre o grupo norteador e o comitê executivo foram transformadas, apesar de isso não ter acontecido da noite para o dia. A velocidade e a franqueza das comunicações entre os grupos passaram por uma drástica modificação. Com isso, a motivação do grupo norteador decolou, em grande parte porque seus integrantes puderam ver que o terreno estava sendo preparado para que eles ao menos tivessem a chance de ajudar a área de vendas de maneira estrategicamente importante.

ACELERADORES 4 E 5: ATRAIR VOLUNTÁRIOS E ORIENTAR INICIATIVAS

Como um grupo norteador pode imbuir a organização inteira com uma visão de mudança e as iniciativas estratégicas resultantes? No caso, o grupo estendeu e intensificou os métodos da equipe de urgência original, por meio de sessões de treinamento, ferramentas de comunicação, o portal na intranet e conversas presenciais – que se provaram especialmente eficazes. Quanto mais os membros do grupo norteador conversavam com os colegas, mais as pessoas se sentiam atraídas pela experiência como um todo. A iniciativa começou atraindo os "adotantes imediatos", os mais curiosos e aventureiros, e depois chegou às pessoas que se tornaram a "maioria pioneira". Um membro do grupo norteador falou em um almoço do qual participei e, no fim dele, um homem sentado ao meu lado sorriu e sussurrou para mim: "Pela primeira vez na vida, sei para onde precisamos ir e como. E faz muito sentido!".

Depois de seis meses do mandato de um ano, o grupo norteador já tinha implementado cinco grandes iniciativas, tendo cada uma delas incluído duas ou mais subiniciativas. A iniciativa de contratar talentos na Ásia, por exemplo, gerou a subiniciativa de agilizar o treinamento do novo pessoal. Os integrantes da equipe encarregada da iniciativa começaram se perguntando: o que está impedindo isso de acontecer? Com base nas respostas, grande parte do trabalho deles passou a se concentrar na eliminação das barreiras ao avanço acelerado na direção certa.

As equipes conversavam entre si, trocavam e-mails e se reuniam conforme o necessário para realizar o trabalho. Na teleconferência quinzenal do grupo norteador, as pessoas reportavam os progressos, trocavam informações e ideias e pediam ajuda ("Quem aqui tem experiência no mercado japonês?"). Os membros do grupo norteador que também eram integrantes da alta gestão ajudaram a dar aos colaboradores de níveis inferiores o acesso às informações de nível executivo de que eles precisavam para tomar boas decisões, reduzir qualquer tendência a agir intuitivamente, sem pensar, e evitar a percepção de que o grupo norteador poderia não passar de um caso de "loucos comandando o manicômio". Já o pessoal de nível inferior contribuiu fornecendo informações da linha de frente, que normalmente não chegariam até o comitê executivo (ou levariam uma eternidade para chegar lá). Um dos excelentes resultados obtidos foi que o número de pequenas ideias inovadoras incorporadas ao processo cresceu sem parar e, em consequência, duas pessoas do comitê executivo de vendas hoje chamam a rede aceleradora de estratégia de "a rede de inovação dos colaboradores". Outra grande consequência foi que o sucesso das atividades atraiu mais de cem voluntários adicionais ao novo sistema da rede.

OS PRIMEIROS ESTÁGIOS DO SISTEMA OPERACIONAL DUAL DE DAVIDSON

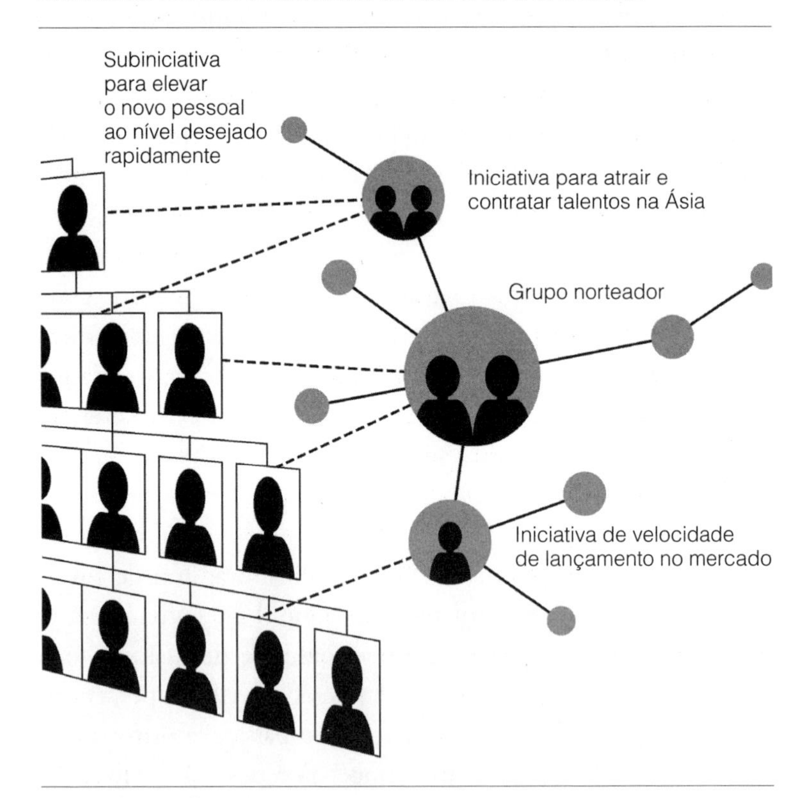

Curiosamente, foi constatado que grande parte do trabalho se voltava menos a encontrar ou gerar ideias totalmente novas e mais a derrubar as barreiras à concretização das ideias escolhidas. Ficou claro que soluções criativas que possibilitavam capitalizar as oportunidades mais rapidamente estavam escondidas em toda parte, às vezes enterradas na hierarquia, invisíveis ao comitê executivo de Davidson, às vezes dentro da cabeça de colaboradores que tinham sido orientados a não expressar suas opiniões ou com pessoas que presumiam que não cabia a elas dar opiniões fora da alçada de seus cargos. Todos os envolvidos na rede passaram a questionar mais as coisas, mas com um espírito construtivo. Quais são as melhores ideias? Por que essa boa ideia não foi reconhecida e executada? Quais são os obstáculos a essas melhores ideias? Como podemos superá-los? Quais sistemas, pessoas ou pressupostos culturais estão impedindo a ação? Quem fará o que e quando? Quais foram os resultados alcançados? O que devemos tentar fazer em seguida?

As barreiras que eles enfrentaram naquele primeiro ano incluíram o fato – que só ficou claro em retrospecto – de que a pessoa mais poderosa que se reportava a Davidson odiava a ideia do sistema dual, da Grande Oportunidade, dos voluntários e do grupo norteador. Ele tinha uma série de ressalvas e não acreditava que os obstáculos poderiam ser superados. Por exemplo, ele não tinha qualquer sistema para monitorar as atividades das novas iniciativas lideradas pelos voluntários. Com seu departamento enfrentando uma enorme pressão para entregar resultados, tal pessoa não conseguia deixar de se preocupar com a possibilidade de que más decisões e ações, mesmo com as melhores intenções, pudessem criar distrações, ocasionar perda de tempo e impossibilitar o atingimento de suas agressivas metas de receita. E ele decidiu não mover uma palha para ajudar o lado da rede, afastando seu pessoal das iniciativas, para eles se ocuparem do "trabalho de verdade", e nunca dando qualquer crédito àqueles que se empenhavam 150% (cumprindo seu trabalho regular e participando das iniciativas gerenciadas pelo grupo norteador) nem sequer enviando um e-mail parabenizando os voluntários por qualquer realização que não constasse do plano operacional de seu departamento. Sempre que tinha a chance, ele puxava os colegas de lado e fazia questão de apontar os riscos do novo sistema.

Acontece que o pessoal dele (com uma possível exceção), envolvido no trabalho em rede, não se esquivava de suas funções normais. A razão para isso era que as pessoas envolvidas na rede aceleradora da estratégia adoravam trabalhar nas iniciativas dela, o que lhes dava energia para cumprir suas responsabilidades normais e ainda contribuir para as atividades da rede. O departamento daquele executivo não deixou de atingir as metas imediatas devido a eventuais más decisões. Na verdade, o que aconteceu foi que a amplitude das informações que embasavam as decisões, provenientes de diferentes silos e todos os níveis da hierarquia, fez com que as más decisões fossem incrivelmente raras. Depois de um tempo, o executivo começou a se impressionar com as "vitórias" obtidas do lado da rede. E notou que o moral de seu pessoal estava em alta, porque alguns de seus colaboradores estavam muito empolgados com a chance de contribuir para o avanço da empresa.

Como seria de se esperar em qualquer iniciativa como essa, as pessoas cometeram erros, no começo. Uma equipe lançou duas pequenas iniciativas sem verificar primeiro se atividades similares já não estavam sendo realizadas na hierarquia do lado esquerdo. Uma das iniciativas envolveu rever uma seção dos contratos com os novos intermediários e a outra, reformular alguns detalhes da declaração da proposição de valor da organização, em uma competição de igual para igual contra o segundo colocado em liderança do mercado. Quando algumas pessoas da gestão e da equipe de apoio do lado da hierarquia ficaram sabendo das iniciativas, elas ficaram na defensiva, tentando proteger seu território. O caos resultante levou à perda de tempo e de recursos e estremeceu as relações entre as partes envolvidas. Mas as pessoas que atuavam na rede aceleradora da estratégia aprenderam rápido e instituíram um protocolo simples para que o erro jamais fosse repetido.

ACELERADORES 6 A 8: VITÓRIAS, VITÓRIAS E MAIS VITÓRIAS

O grupo da rede se pôs rapidamente a gerar um grande número de pequenas vitórias, que com o tempo se multiplicaram e estenderam sua influência. Então, cerca de seis meses depois do início do processo, eles conquistaram a primeira grande vitória, de alta visibilidade: uma ferramenta informatizada de vendas, nova e simplificada, foi criada e implementada a um custo baixíssimo e em muito pouco tempo.

O departamento de TI sempre foi um ponto fraco da área de vendas. Os sistemas de TI estavam longe de ajudar no crescimento da receita e até podiam estar fazendo o contrário, frustrando os colaboradores e consumindo um tempo que poderia estar sendo alocado para fechar novas vendas. O processo de entrada de dados era excessivamente complicado e levava muito tempo e os relatórios em tempo real não produziam as informações mais importantes para os representantes de vendas. Uma equipe encarregada da iniciativa de otimizar o funcionamento dos sistemas de TI entrevistou usuários para esclarecer os defeitos do sistema. Feito isso, a equipe entrou em contato com potenciais voluntários da lista original de duas mil pessoas que se candidataram para as atividades de urgência. Um e-mail pedindo ajuda foi enviado a cem pessoas – incluindo alguns especialistas em TI da área de vendas, mas a maioria sem conhecimentos específicos de informática – e levou a 35 respostas positivas em quatro dias. Em duas semanas, vinte dessas pessoas se reuniram em uma teleconferência.

O maior obstáculo que eles encontraram para a criação de uma nova ferramenta de TI não era técnico nem econômico, mas de ordem hierárquica, oriundo de dentro do próprio departamento de TI. Um pequeno grupo de pessoas do setor tinha medo de levar a culpa por não ter criado uma ferramenta que agradasse aos vendedores. Eles se defenderam dizendo que já tinham começado a desenvolver um novo sistema e que não precisavam de ajuda. Depois disseram que o problema provavelmente não era do sistema, mas do uso impróprio dele pelo pessoal de vendas. Diante disso, a equipe da iniciativa aplicou lições que alguns de seus integrantes aprenderam no treinamento sobre o processo de criação do sistema dual ou, a duras penas, pela própria experiência. Façam-se sempre respeitosos. Lembrem sempre que esses empecilhos são normais, devido à própria natureza humana e ao funcionamento das hierarquias. No caso, eles repetiam a todo mundo o argumento de que a equipe de TI estava sobrecarregada e não tinha condições de desenvolver a ferramenta de última geração necessária para a área de vendas. E acho que eles simplesmente venceram a resistência pelo cansaço.

Um grupo diversificado de pessoas extremamente engajadas – que normalmente não teria meios nem desejo de interagir entre si, incluindo vendedores da linha de frente, profissionais de TI, executivos de vendas e pessoal de finanças – abriu um canal de diálogo, resultando em uma nova ideia após a outra. Testes feitos mais tarde mostraram que muitas das ideias geradas eram impraticáveis, mas que algumas delas eram bastante engenhosas. O grupo lançou o piloto de um *software* completamente novo, que rodava em *tablets*, desenvolvido pelos programadores da equipe. Os vendedores e os gerentes de vendas adoraram o produto final e o implementaram em etapas em toda a área de vendas. A equipe do projeto de mudança fez questão de elogiar e celebrar a atuação de todos os responsáveis, especialmente o pessoal e a gestão da área de TI.

O sucesso dessa grande iniciativa teve ampla visibilidade na organização, reforçando a credibilidade na rede e acelerando o progresso de outras iniciativas estratégicas importantes. Então, mais pessoas se ofereceram para atuar na rede aceleradora, com liderança, proatividade e tenacidade, jamais desistindo diante dos obstáculos, depois que tiveram um vislumbre do que seria possível realizar. Não se sabe ao certo quantas pequenas iniciativas foram concluídas nos doze meses de atuação do grupo norteador, mas uma subiniciativa tentou monitorar esse número, gerando gráficos como os mostrados abaixo.

OS PRIMEIROS ESTÁGIOS DO SISTEMA OPERACIONAL DUAL DE DAVIDSON

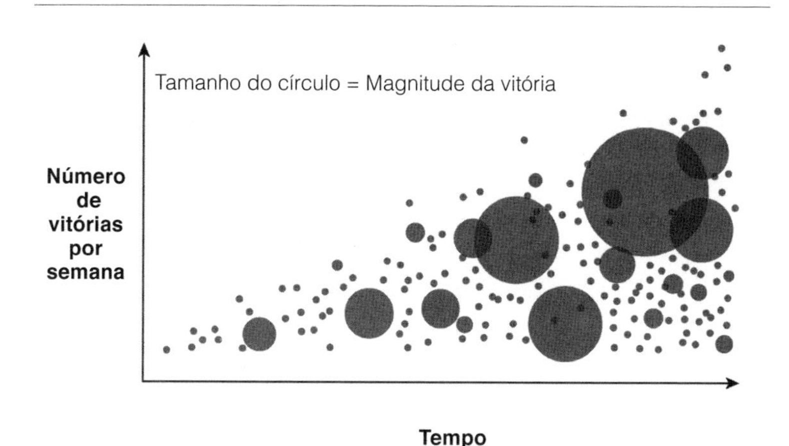

Como seria de se esperar, muitos erros foram cometidos ao longo do caminho. Mas o sistema não parou de melhorar e a versão 4.0 do grupo norteador, que está em operação enquanto escrevo estas palavras, sem dúvida atingiu um nível de sofisticação sem precedentes. O grupo evolui, crescendo e se fortalecendo cada vez mais.

As maiores realizações, até o momento, foram institucionalizadas no lado esquerdo e integradas às operações do dia a dia. Nos casos em que as mudanças estratégicas não se encaixavam em algum aspecto da cultura da empresa, a equipe encarregada buscava maneiras de promover modificações nessa cultura. Em grande medida, isso ia acontecendo naturalmente, à medida que a nova abordagem produzia melhores resultados, mas às vezes as mudanças foram tão grandes que precisaram ser ensinadas.

OS RESULTADOS FALAM POR SI

Dois anos depois, os resultados da abordagem operacional dual criada para enfrentar maiores desafios estratégicos da área de vendas já eram impressionantes e superaram até as expectativas mais ousadas de Davidson:

- O sistema dual acelerou em 55% a criação de novas parcerias. Ele promoveu novas maneiras de lidar com os clientes diretos, um processo mais rápido de lançamento de produtos no mercado, um menor tempo de resposta para reclamações, dados superiores – sobre a evolução das necessidades dos clientes – para o grupo de desenvolvimento de produtos e um crescimento mais rápido da receita na Ásia, em mais de 60% em 2011, em comparação com o aumento de 25% dois anos antes.

- O crescimento das vendas foi acelerado em 44%. A divisão começou a reconquistar a participação de mercado tão rapidamente que, em dois anos, passou do quarto ao segundo lugar no setor de atividade.

- O grande aumento da receita, aliado às menores despesas, ajudou a impulsionar o lucro operacional da divisão em um pouco mais de 300%.

- A comunidade financeira recompensou a empresa como um todo com um aumento de 155% na capitalização de mercado, para mais de US$ 10 bilhões (um valor absurdamente alto, mas às vezes essas coisas acontecem...).

- A empresa passou a ser conhecida como um lugar empolgante para se trabalhar, o que a ajudou a atrair os melhores talentos.

Ninguém – dentro ou fora da empresa – teria imaginado que esses resultados seriam possíveis quando a área de vendas de Davidson começou a desenvolver a nova abordagem. Mas será que os resultados são mesmo tão surpreendentes? Ninguém tinha um referencial para prever como seria a evolução natural da área de vendas em seu ciclo de vida relativamente curto e as inevitáveis consequências dessa evolução. Ninguém tinha visto uma organização madura criar um sistema dual no qual o trabalho do dia a dia continuasse a ser feito de maneira confiável e eficiente enquanto uma rede aceleradora integrada mobilizava todo um exército para lidar com os desafios estratégicos com rapidez e sem custo adicional.

EVIDÊNCIAS DE OUTROS CASOS ATÉ O MOMENTO

A empresa de Davidson é só um exemplo entre vários. Meus colegas e eu vimos outras iniciativas pioneiras que também tiveram resultados impressionantes:

- Um órgão do governo federal que estava para ser fechado (justificadamente) acelerou sua atuação para se tornar um modelo exemplar.

- Uma companhia de energia que passou anos sem crescer – e que não tinha sistemas nem processos capazes de lidar sequer com um modesto crescimento, e menos ainda tinha capacidade de dar conta de um rápido incremento ou de se beneficiar de novas oportunidades no mercado – conseguiu dobrar de tamanho e capacidade em três anos.

- Uma companhia farmacêutica com considerável oportunidade de crescimento pelo lançamento de alguns novos produtos bastante promissores foi capaz de atingir sua meta de aumento de três anos em apenas um ano.

- Uma empresa de produtos médicos conseguiu criar tamanho senso de urgência em torno de uma oportunidade clara que basicamente passou de 100 a 150 quilômetros por hora em apenas seis meses. (Os analistas financeiros notaram a aceleração e recompensaram a empresa com uma explosão absurda da capitalização de mercado.)

- Uma unidade relativamente grande das Forças Armadas dos Estados Unidos, cujos métodos básicos de operação tinham passado décadas com poucas alterações, mas que estava sob grande pressão para realizar algumas grandes mudanças estratégicas, conseguiu, em dezoito meses, aumentar consideravelmente a eficiência e a capacidade, realizar sua nova missão e institucionalizar uma nova organização em rede para ajudar a unidade a atender às novas demandas, em vez de voltar a ficar atolada no passado.

- A área da cadeia de suprimento de uma empresa global de produtos de consumo – que usava todas as técnicas modernas de manufatura enxuta (*lean manufacturing*) e gestão da qualidade para aumentar a eficiência e a capacidade global, mas que mesmo assim não estava mais conseguindo melhorar os resultados – se pôs, em um período de dezoito meses, a acelerar grandes mudanças estratégicas e atingir novos ganhos de produtividade que surpreenderam executivos, gestores e colaboradores.

- Uma empresa de serviços profissionais do mundo das finanças, apesar de ser bastante conservadora, foi capaz de aumentar sua capitalização de mercado em 65%, ao longo de um período de vinte meses (e isso apenas três anos depois que os analistas do setor previram que a empresa seria comprada a preço de banana e desmembrada até desaparecer).

Em praticamente todos esses casos, o sistema que produziu os resultados espetaculares para os vice-presidentes executivos, almirantes, CEOs e diretores de marketing não evaporaram depois da celebração da vitória, mas se sustentaram. Em apenas um desses casos, a hierarquia do lado esquerdo conseguiu delegar à nova rede aceleradora um papel secundário. Nos outros casos, a nova capacidade empreendedora rápida e ágil continuou evoluindo e produzindo um crescimento lucrativo e acelerado, entre outros benefícios duradouros.

seis

DESENVOLVA E EXEMPLIFIQUE IMPLACAVELMENTE O SENSO DE URGÊNCIA

Não é fácil mudar. Todo mundo sabe disso. Pode ser terrivelmente difícil promover uma mudança de importância estratégica em grande escala. Muito se fala sobre o desafio em termos específicos – como alterar a estratégia de entrada no mercado, o sistema informatizado de recursos humanos, a estrutura organizacional de uma divisão, políticas ou produtos importantes –, mas o problema sempre se concentra nas pessoas. Elas resistem à reorganização, de modo que não pensam com clareza sobre o que é preciso fazer, e não dão ouvidos às recomendações dos outros. Elas se apegam a seus processos convencionais, que, por exemplo, selecionam e implementam o novo sistema informatizado global de recursos humanos de maneira morosa e dispendiosa demais. E acham que as políticas e os produtos atuais são suficientes, quando está longe de ser o caso.

Não é muito difícil identificar uma parte do problema nessa descrição. Os hábitos nos mantêm fazendo o que sempre fizemos. Resistimos em seguir novas direções que não façam sentido para nós. Agarramo-nos com unhas e dentes ao que valorizamos e morremos de medo de nos perder. É da natureza humana nos comportarmos assim.

No entanto, outras forças, menos visíveis, também estão em jogo e, em muitos aspectos, são muito mais potentes pelo simples fato de serem *sistêmicas*. É fácil nos identificar com as pessoas, como aquele colaborador que parece odiar tudo o que é novo, e a gerência de nível médio, que age como um sólido e gigantesco muro de concreto, quando tentamos resolver um desafio estratégico galopante. É difícil ver um sistema – no caso a hierarquia focada na gestão – e muito menos nos identificar com ele.

Uma hierarquia focada na gestão, criada para obter a confiabilidade e a eficiência agora, tende a resistir a mudanças consideráveis e resiste com todas as forças a sofrer uma grande mudança, como a implementação de um sistema operacional dual. A hierarquia age assim basicamente porque seus silos, níveis, regras, planos de curto prazo e cargos bem definidos criam sistematicamente a complacência. E a complacência coletiva tem um poder quase inacreditável.

A única solução para o problema, que tenho visto sendo aplicada com sucesso, é a criação de uma força poderosa o suficiente para reduzir e neutralizar essa estupenda inclinação sistêmica a resistir a uma mudança em grande escala. Forças-tarefa tradicionais, bônus, planos estratégicos, grupos de gerenciamento de programas ou consultores de estratégia nem chegam perto de criar esse tipo de força. Isso só pode ser feito com o primeiro Acelerador, desenvolvendo e sustentando um forte senso de urgência em grandes grupos de pessoas, com foco em uma Grande Oportunidade.

A FÓRMULA SECRETA PARA ACIONAR A ACELERAÇÃO

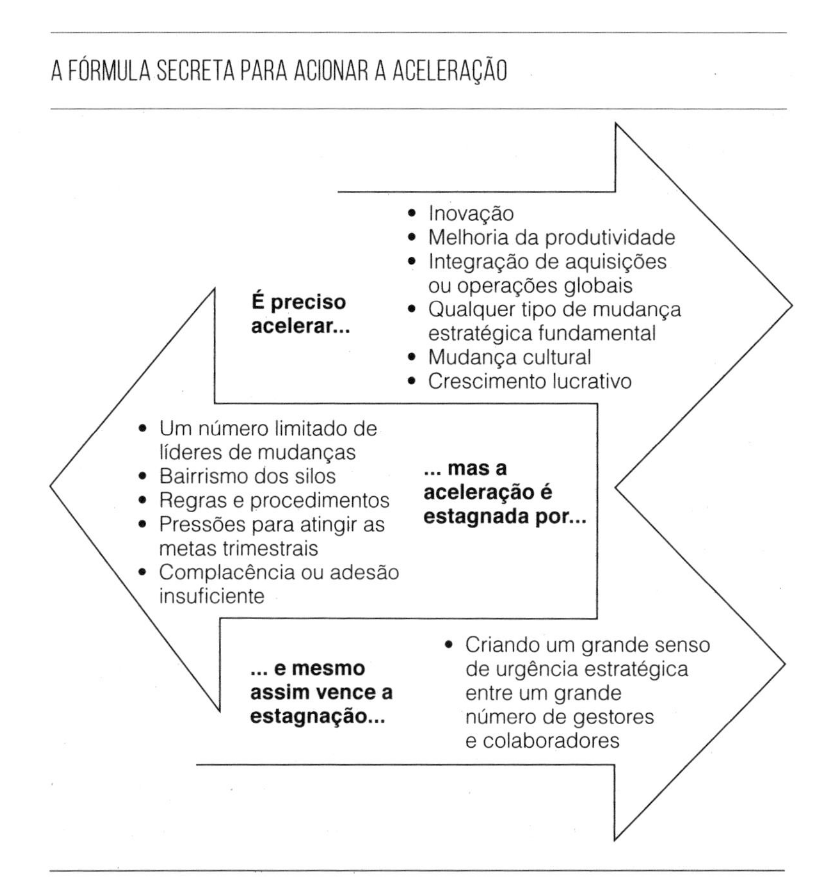

Um grande senso de urgência, no contexto deste livro, significa que um número considerável de pessoas acorda todo dia de manhã com um grande desejo, na cabeça e no coração, de fazer alguma coisa para aproximar a organização de uma Grande Oportunidade estratégica. Com a energia compartilhada por um número suficiente de pessoas, o resultado é uma potência direcionada e empolgada que só pode ser vista em organizações empreendedoras de grande sucesso. Na primeira vez que vir uma força como essa em ação – em uma pequena empresa, e mais ainda em uma organização madura –, você ficará absolutamente sem fôlego.

Se existe um ingrediente secreto que permita acelerar a atuação das organizações e depois criar uma abordagem completamente nova para liderá-las – apesar das muitas forças que resistem a isso –, posso dizer que esse ingrediente é o primeiro Acelerador.

SENSO DE URGÊNCIA, COMPLACÊNCIA E FALSA URGÊNCIA

Quando as pessoas têm um verdadeiro senso de urgência em torno de uma Grande Oportunidade estratégica, elas instintivamente procuram algo que possam fazer todos os dias para ajudar a organização a alavancar essa possibilidade. Isso pode exigir uma maneira original de comunicar a oportunidade e contagiar os outros com o senso de urgência necessário para abordá-la. Ou pode envolver o incentivo e a celebração de pequenas "vitórias" que comprovam a aceleração da atuação da organização na direção de um futuro de sucesso. O comprometimento intelectual e emocional das pessoas para lidar com a turbulência e com a concorrência acirrada se revela no comportamento delas a cada instante.

Já a complacência aponta para a orientação oposta. Os complacentes não veem qualquer razão para mudar muito as coisas. Não pensam em termos de procurar maneiras de desenvolver a vantagem competitiva. Em grande parte, eles só querem continuar fazendo o que já fazem. Eles podem até, de vez em quando, combater um problema para manter a empresa produzindo resultados confiáveis e até parecer que têm um senso de urgência quando agem assim. Mas os problemas que enfrentam tendem a ser pequenos e não estratégicos – e normalmente são resolvidos em pouco tempo por pequenos grupos e com a meta de restaurar o equilíbrio eficiente do sistema.

Hierarquias bem concebidas e bem administradas tendem a ser boas em produzir esse tipo de energia: consertar a máquina que paralisou a linha de montagem número 4, acalmar um cliente que reclama aos berros do mau atendimento que recebeu da organização ou concluir o relatório que seu superior decidiu que quer ver pronto às 9 horas da manhã do dia seguinte. Às vezes, as pessoas correm de uma reunião à outra ou produzem uma montanha de relatórios e, vendo de longe, esse turbilhão de atividades pode até parecer um senso de urgência em torno de questões importantes. Mas essas ações na verdade só representam uma espécie de falsa urgência provocada pela ansiedade, que normalmente leva apenas a atividades de autoproteção, em vez impelir a organização para um futuro próspero.

As pessoas nunca admitem que são complacentes. Você jamais ouvirá da boca de alguém que a complacência estratégica é uma coisa boa. Mas o mundo está repleto de complacência e até as pessoas mais competentes raramente percebem isso. Elas cresceram e atuam em um sistema que as deixam cegas para a complacência. Vista do topo de uma organização, a existência de um grande problema estratégico ou oportunidade estratégica pode ser muito clara. Essa situação leva o CEO e seus executivos a não entenderem como os outros não conseguem ver o problema e não se apressem para resolvê-lo. Mas é o que acontece, por razões bastante compreensíveis.

Por exemplo:

- A participação de mercado da empresa está em queda e uma revitalização exigirá algumas grandes mudanças na estratégia de marketing, organização de vendas e atendimento ao cliente. Todo mundo sabe disso e o *Wall Street Journal* parece publicar, diariamente, alguma matéria sobre algum aspecto dessa situação. Nela, a alta gestão tende a achar que o melhor é sair derrubando tudo e recomeçar do zero. Os executivos com um enorme senso de urgência muitas vezes presumem que todo mundo na empresa deve se sentir do mesmo jeito. Mas isso está longe de ser a realidade dos muitos colaboradores que vivem em um mundo no qual eles correm de uma reunião à outra para apagar incêndios e resolver crises prementes e onde quase não se fala sobre o que saiu hoje no *Wall Street Journal* – aliás, a maioria das pessoas nem lê esse jornal.

- O grupo de pesquisa desenvolveu uma nova tecnologia que proporciona uma Grande Oportunidade para um novo produto, com o potencial de gerar um crescimento que poderia catapultar a empresa para o primeiro lugar de seu setor B2B maduro. O programa, contudo, implicaria cinco ou seis grandes iniciativas na manufatura, o que deve ser óbvio para qualquer gestor que pare para pensar a respeito. O CEO passou um bom tempo ponderando as possibilidades. A maioria dos gestores de nível médio da manufatura já tinha ouvido falar da nova tecnologia, alguns mais do que outros. Contudo, eles eram pressionados pela hierarquia focada na gestão a continuar produzindo os produtos existentes e resolvendo os cinquenta problemas diferentes que ameaçam a produção do volume necessário de produtos de qualidade. Para cada reunião de duas horas que a alta gestão faz sobre a nova tecnologia – discutindo as possíveis oportunidades, os recursos necessários para explorá-las e os tipos de iniciativa a serem desenvolvidas na manufatura –, o gerente da fábrica pode gastar, em média, dois minutos ocupado com o tema. Os que dedicam mais tempo ao assunto o fazem em conversas informais, marcadas pela preocupação que os aflige. Os operários do chão de fábrica podem gastar dois segundos pensando nisso.

- Com base em um amplo estudo de eventos ocorridos na última década, o secretário do Exército dos Estados Unidos orientou uma grande unidade militar do Alabama a realizar uma transformação fundamental, que demandará uma grande reorganização. Todo mundo passou meses falando sobre o problema no Pentágono e em Washington, DC. Como alguém poderia deixar de ouvir o burburinho? Na verdade, muita gente de fora do mundinho fechado da capital norte-americana pode não ter sido exposta a ele. E quanto às pessoas daquela unidade específica do Exército que de fato ouviram o burburinho, elas em geral ignoram a agitação porque já aprenderam que o ruído em Washington em geral se concentra em políticas transitórias, não na realidade duradoura. E de fato é um "ruído", já que as informações não fluem com facilidade para chegar a pessoas a mais de mil quilômetros de distância e muitos níveis abaixo na burocracia.

Diante de evidências claras de que a complacência estratégica ou a falsa urgência corre solta na organização, costumamos explicar o fato em termos da tendência frustrante das pessoas de resistir às mudanças. Isso pode até fazer parte do problema, mas a adversidade maior é de ordem sistêmica. Ou seja, uma hierarquia focada na gestão cria sistematicamente a complacência competitiva e, quando as pressões são grandes, a falsa urgência. Os silos restringem o acesso às informações sobre a situação em geral e sobre quaisquer oportunidades ou ameaças mais amplas. Parâmetros de trabalho estreitos dão a impressão de que está tudo bem, contanto que você faça seu servicinho do dia a dia. Os processos de gestão tendem a direcionar a atenção das pessoas para dentro – ao orçamento, ao plano, ao pessoal e às métricas. Esse foco diminui as chances de enxergar ameaças ou oportunidades estratégicas externas. Uma hierarquia de vários níveis cria problemas de comunicação, de modo que, mesmo se algumas pessoas do topo tiverem um grande senso de urgência para explorar uma Grande Oportunidade, essa informação raramente chega até a base da pirâmide com clareza, sem distorção, e atinge o número necessário de pessoas. Os processos de gestão, em geral tão focados em métricas e de natureza tão analítica, matam qualquer vínculo emocional e, com isso, a energia e a paixão. Para ser eficaz, uma máquina do lado esquerdo na verdade não precisa de emoções... e nem as quer. A crença é a de que não é fácil controlar os sentimentos, que podem contaminar, mais do que ajudar, a confiabilidade estável do sistema.

À luz de tudo isso, será mesmo possível criar um verdadeiro senso de urgência em relação a uma Grande Oportunidade estratégica e difundi-lo a uma grande quantidade de pessoas? A resposta é sim, é possível. Mas isso requer ações que estão longe de ser a norma na maioria das organizações dos dias de hoje.

OLHANDO PARA FORA COM A MENTE ABERTA

Desenvolver o que chamo de "megaforça" da urgência estratégica requer, antes de tudo, que as pessoas saibam o que acontece ao redor, pensem seriamente sobre as implicações dos acontecimentos e se mantenham empolgadas e abertas para novas possiblidades.

Áreas (ou silos) ensimesmadas, voltadas para dentro de si mesmas, construídas nas hierarquias, podem estar cheias de pessoas bem-intencionadas, mas incapazes de enxergar o óbvio: que um número cada vez maior de grandes mudanças está acontecendo mais rapidamente *fora* da empresa, o que requer que as pessoas façam modificações consideráveis *dentro* da empresa. "Trazer o de fora para dentro" significa usar todos os mecanismos possíveis de comunicação para "importar" a realidade da situação. Uma abordagem de fora para dentro pode implicar, por exemplo, providenciar alto-falantes externos para transmitir reuniões; enviar grupos para visitar organizações que estão diante de ameaças ou oportunidades semelhantes; contratar seletivamente pessoas capazes de identificar e reconhecer a verdadeira turbulência enfrentada pela organização; ou dar destaque ao conhecimento de campo dos colaboradores que estão em ótima posição para saber o que está acontecendo do lado de fora (como os vendedores que visitam os clientes). Existem dezenas de maneiras de informar os colaboradores e os gestores sobre as realidades externas relevantes.

A criação da urgência estratégica pode implicar em atentar para riscos externos ou crises potenciais. E deve levar a um diálogo sobre novas possibilidades e oportunidades que podem resultar de uma crise.

Em geral, as crises existentes ou potenciais são colocadas em destaque só como uma tática de intimidação, uma maneira de dar uns cutucões nas pessoas na tentativa de reduzir a complacência. É bem verdade que, em certos casos, as pessoas de fato precisam acordar e pode ser essencial elas levarem uns chacoalhões. No entanto, aplicar repetidos cutucões não só não funciona como não ajuda em nada. São irrefutáveis as evidências de que uma vez que se atrai a atenção das pessoas, é muito mais provável que a apresentação de uma oportunidade aumente o nível de energia delas e motive-as a querer fazer algo novo do que seja uma ameaça ou uma previsão de desgraça. Ninguém duvida que as organizações que saíram rapidamente das crises financeiras de 2008 a 2009 conseguiram fazê-lo porque, nas palavras de um colega, passaram menos tempo construindo abrigos do que erguendo moinhos de vento.

Efetivamente, inculcar um senso de urgência estratégica pode implicar na comunicação de informações sobre as ações que alguns gestores ou colaboradores já realizaram no sentido de aproximar a organização de novas oportunidades – ações que deram resultados claros e impressionantes. A melhor comunicação, nesse caso, não dará a sensação de que algo rotineiro está sendo transmitido, mas, ao contrário, chamará a atenção das pessoas de uma forma que praticamente as obrigará a abrir suas cabeças. Isso é feito com a apresentação de argumentos que apelam para o lado emocional que todos nós temos em comum. Uma excelente comunicação – não importa qual seja o tema – sempre se conecta com os sentimentos das pessoas e com o que elas consideram importante.

Uma hierarquia focada na gestão nem procura se conectar com os sentimentos. Mesmo se tentar comunicar informações sobre uma Grande Oportunidade, a tendência será a de apresentar argumentos usando "estudos de viabilidade financeira". A inclinação natural será a de usar dados e lógica para criar um senso de urgência em torno de grandes e importantes mudanças. Esse método de fato surtirá algum efeito, mas não será suficiente para criar a megaforça necessária.

Ainda estou para ver uma situação na qual um estudo de viabilidade tradicional tenha imbuído grandes grupos de pessoas de um enorme senso de urgência, em torno de uma

Grande Oportunidade estratégica. As dificuldades são muitas e bastante variadas.

Para começar, os estudos de viabilidade tendem a ser complexos, especialmente quando tentam justificar mudanças na alocação de grandes e importantes recursos. Não é raro para um estudo de viabilidade como esse – na forma de um relatório elaborado por alguma sofisticada consultoria – ter de 75 a 100 páginas, vir repleto de dados densos e precisar de uma apresentação oral só para as pessoas começarem a entender seu conteúdo. Não é raro para a alta gestão ter dificuldade em compreender todos os dados – bem como a lógica que os acompanha e a justificativa apresentada para a adoção das ações recomendadas –, quanto mais os gestores de nível médio ou abaixo dele. À luz dessas dificuldades, estudos de viabilidade complexos raramente são apresentados aos gestores mais do que uma ou duas vezes, talvez em algumas horas, em uma reunião. Pare para pensar. É impossível que qualquer método, aplicado de uma maneira tão limitada e pontual, possa criar um senso de urgência suficiente para levar a mudanças expressivas. E isso sem ao menos chegar a levar em consideração o fato de que um estudo de viabilidade é uma ferramenta puramente analítica, destinada a apelar à racionalidade e não aos sentimentos.

É bem possível que o maior problema, aqui, seja o fato que qualquer argumentação direcionada à rede aceleradora só pode surtir efeito se as pessoas estiverem dispostas a ouvi-la e, ainda por cima, com a mente aberta. Pessoas complacentes raramente ouvirão o que está sendo alegado, a menos que as informações sejam repetidas várias vezes e acompanhadas de alguma carga emocional. Essas pessoas não ouvirão nada, a menos que a situação tenha alguma relevância para elas. Na melhor das hipóteses, no que concerne aos gestores e colaboradores verdadeiramente complacentes – que pensam e sentem que o que eles estão fazendo vai muito bem, obrigado – as informações entrarão por um ouvido e sairão pelo outro, sem que haja qualquer registro.

Imagine que um excelente vendedor de carros esteja tentando lhe vender um carro novo, tecnologicamente sofisticado. Mas você está satisfeito com o seu. Você provavelmente vai cortar o vendedor antes de ele conseguir apresentar um bom argumento de venda. "Obrigado, mas..." Você pode ter sido encurralado pelo vendedor e ser forçado a ouvir, pois é educado demais para lhe dar as costas. Mas você vai passar o tempo mais ocupado em achar um jeito de fugir da proposta do vendedor do que ouvindo, com a mente aberta, o que ele tem a dizer, mesmo se estiver falando de um produto espetacular e se tiver uma montanha de dados para demonstrar que se trata de um excelente produto. Se for forçado a passar muito tempo ouvindo, você tem mais chances de se irritar do que de desenvolver um autêntico senso de urgência. Se você vive em um mundo de falsa urgência provocada pela ansiedade, tem mais chances de pensar naquela reunião inútil da qual precisa participar às 7 da manhã do dia seguinte e em como poderia evitar ser forçado a assumir mais responsabilidades. De qualquer maneira, sua mente está fechada.

O PODER DA URGÊNCIA RESULTANTE DE UM COMPORTAMENTO EXEMPLAR

Nada é mais eficaz para abrir a cabeça de multidões, comunicar informações relevantes, estimular a paixão e criar um forte senso de urgência em torno de uma Grande Oportunidade competitiva do que apresentar um comportamento exemplar. Nos melhores sistemas duais que vi, um comportamento exemplar como o requerido começa, em geral, no topo. Mas pode iniciar-se em qualquer lugar, com qualquer pessoa, e se espalhar de maneiras que ninguém poderia prever. À medida que cada vez mais pessoas dão bons exemplos do assentimento do senso de urgência – quando dez pessoas influenciam outras dez e essas contagiam mais dez – o resultado final pode ser o crescimento exponencial de uma força enorme.

Quando uma pessoa dá exemplos do senso de urgência, ela fala de um jeito bem natural sobre os desafios, possibilidades ou iniciativas estratégicas; levanta as questões em reuniões, incluem-nas em e-mails ou as menciona sempre que surge algum problema relacionado a uma Grande Oportunidade. Com regularidade e confiança, mas sem ostentação, essas pessoas informam às outras o que estão fazendo e por que as ações são tão importantes. Elas não se limitam a dizer aos outros o que devem fazer. É incrível ver o que breves conversas de um ou dois minutos aqui e ali podem concretizar, se forem sistemáticas, entra dia e sai dia.

Anos atrás, conheci um sujeito que só pode ser descrito como uma máquina de urgência. Ele estava nos seus trinta e tantos anos e era vice-presidente sênior de uma organização de alta tecnologia sediada nos Estados Unidos. No dia que passamos juntos, ele incluiu, em várias conversas, pelo menos uma dúzia de vezes, em seis horas, alguma variação de um discurso do tipo "o sucesso passado não é garantia de nada", apresentado não em tom de repreensão, mas como um lembrete de como o mundo funciona. Ele salpicou suas conversas, aqui e ali, com exemplos de pessoas que estavam agindo de uma maneira que poderiam aproximar a empresa de alavancar uma enorme oportunidade. Ele mantinha na mesa de conferências de seu escritório uma cópia de uma declaração de dois parágrafos sobre as oportunidades competitivas, escritos em uma única página, e quase sempre falava sobre elas antes do fim de uma reunião, perguntando implicitamente (e às vezes explicitamente) algo como: "As ações que estamos discutindo nesta reunião estão alinhadas com esta declaração?". Ele tinha uma postura otimista, que não parecia forçada, mas sim absolutamente autêntica e perseguia a complacência em todas as interações. (Eu sei porque ele me falou sobre isso no fim daquele dia que passamos juntos.) Um de seus colaboradores me disse, durante um almoço, que o homem era um "modelo fantástico". Naturalmente, o que caracteriza os melhores exemplos a serem seguidos é o fato de que, com o tempo, as pessoas começam a pensar e agir como eles. E esse tipo de imitação costuma ter um impacto profundo e duradouro.

Quando um líder inspira, pelo exemplo, o senso da urgência estratégica, isso é muito diferente de algumas das ações realizadas pelos gestores que gerem a hierarquia. Uma hierarquia focada na gestão tende a relegar a ação aos silos. Assim, o departamento de comunicação pode ser solicitado a desenvolver mensagens sobre uma oportunidade estratégica e transmiti-las à organização. Contudo, nem o departamento de comunicação mais competente do mundo terá a credibilidade de um líder que fala com entusiasmo e autenticidade sobre as medidas que está tomando para capitalizar as questões estratégicas. As hierarquias focadas na gestão delegam esse trabalho ao silo de treinamento. Mesmo se o pessoal de treinamento for extremamente competente, nunca terá a verba necessária para ministrar cursos em massa a todos os colaboradores. E, ainda que as pessoas fiquem empolgadas com a mensagem transmitida no treinamento, ao voltar ao trabalho do dia a dia, elas ficarão de olho para ver se os outros as entenderam e se estão agindo de acordo com elas. Normalmente o que elas veem é que muito poucas pessoas colocam o conteúdo da mensagem em prática, o que pode gerar mais ceticismo do que um grande senso de urgência em torno de uma Grande Oportunidade.

CRIAÇÃO DE ENERGIA POSITIVA E CELEBRAÇÃO DAS OPORTUNIDADES CONQUISTADAS

Grande parte do trabalho de exemplificar o senso de urgência de maneira eficaz e implacável é dar visibilidade e celebrar todas as oportunidades conquistadas – até as menores vitórias – que resultarem em um avanço em uma direção estrategicamente relevante e empolgante. As vitórias dão credibilidade ao plano elaborado para conquistar uma nova vantagem estratégica. As celebrações dão o tão necessário tapinha nas costas das pessoas que estão tentando ajudar. A recompensa emocional desses tapinhas é a geração de uma energia positiva, que não só deixa as pessoas com uma sensação de gratificação, como também têm um efeito cumulativo na organização. Acho que todos nós já testemunhamos o enorme poder da energia positiva.

Às vezes até é possível ver a liderança voltada para a prática da urgência e a energia positiva em uma hierarquia focada na gestão. Mas elas são raras – e por um bom motivo. As hierarquias focadas na gestão foram projetadas para oferecer recompensas econômicas ou ameaças. Quando os planos estratégicos são concebidos, os mesmos métodos são aplicados. Cenouras e varas. Com cenouras econômicas, os gestores recebem novas metas que só podem ser atingidas se eles implementarem uma nova estratégia e se tomarem as medidas necessárias para monitorar se as metas estão sendo alcançadas. Se atingirem as metas, os gestores são recompensados com algum tipo de bônus. Essa abordagem se baseia na crença de que corações e mentes só agem se forem motivados por incentivos econômicos. Isso até é verdade, até certo ponto...

mas só até certo ponto. E para quantas pessoas na organização você pode oferecer incentivos econômicos expressivos? Normalmente, só para uma pequena parcela delas.

Já as varas podem vir em várias formas diferentes. A mais comum é a pressão vinda de cima. A mensagem é simples: você precisa fazer isso, caso contrário... Um efeito colateral não pretendido dessa abordagem costuma ser a falsa urgência, aquelas atividades motivadas pela ansiedade que dão a sensação de que está havendo um grande turbilhão de atividades e produtividade, mas que beneficia muito pouco a organização. Na verdade, as pessoas podem até ficar com raiva, o que, por sua vez, pode se transformar em algo equivalente a uma rebelião. Uma forma possível de rebelião é uma resistência passiva bastante criativa, na qual as pessoas encontram mil desculpas para não fazer o que seus superiores solicitaram: o pessoal da TI está atrasado, os recursos são insuficientes, elas tiveram de parar para resolver problemas imprevistos com o cliente X, e assim por diante, *ad nauseam*.

Tanto as ameaças quanto os incentivos econômicos vêm de fora e são controlados e determinados pelos outros. Já as pequenas vitórias podem ser conquistadas pelas próprias pessoas que resolveram agir e tais profissionais podem proporcionar, a si mesmos, recompensas intrínsecas. Vejamos o exemplo de um analista financeiro que consegue recrutar oito pessoas que trabalham por perto para atuar na iniciativa de urgência. Isso se traduz em uma grande mudança na orientação delas e elas podem se sair bem aos olhos do gestor sênior, se é que a alta gestão fica sabendo da mudança. Afinal, esse tipo de mudança dificilmente atinge um padrão executivo para ser caracterizado como uma "vitória". No entanto, para o analista que estava enlouquecendo com os colegas complacentes, esse sucesso pode ser enorme, dando-lhe uma sensação de realização e aumentando sua motivação, dois fatores difíceis de quantificar.

Multiplique o sucesso desse analista isolado, e a motivação e a confiança que o acompanham, por 10 ou 50 ou 500, e o resultado será uma força extremamente poderosa. Trata-se de uma força criada, basicamente, por muitos pequenos atos de liderança, que exemplificam, de maneira implacável, o senso de urgência necessário para capitalizar, com rapidez, as oportunidades estratégicas.

A QUALQUER MOMENTO, EM QUALQUER LUGAR, POR QUALQUER PESSOA

O segredo é a adoção de uma ação implacável, exemplificada com o maior número possível de mecanismos e envolvendo o maior número possível de pessoas.

O trabalho de Jack McGovern, na alta gestão de uma empresa de metalurgia do Meio-Oeste norte-americano, faz com que ele viaje muito. Sua última viagem incluiu quatro paradas nos Estados Unidos, três na Europa, uma no Oriente Médio e quatro na Ásia. Durante essa "turnê", mesmo sem contar com um tempo reservado em sua agenda para a "comunicação de questões estratégicas", ele deu um jeito de falar, em pelo menos 25 ocasiões, sobre seu próprio senso de urgência em relação aos grandes desafios enfrentados pela empresa e dar exemplos claros dessa atitude.

Em Frankfurt, de improviso, ele chamou umas vinte pessoas para um almoço no qual fez um discurso improvisado sobre o que considera a maior oportunidade da empresa e sua importância, tudo dito com um entusiasmo que transmitia bem o modo como ele se sentia. Em Londres, ele concluiu todas as reuniões distribuindo cópias de uma declaração do comitê executivo sobre a criação da vantagem competitiva, com algum comentário por escrito que ele tinha incluído, tudo em uma só página. A tarefa de distribuir a folha e dizer alguma coisa a respeito dela lhe tomava apenas uns cinco minutos. Em Xangai, quando falou para cerca de cem pessoas, ele se pôs espontaneamente a tratar da Grande Oportunidade que se colocava para a empresa, o que ele pensava a respeito dela e algumas iniciativas que poderiam ajudá-los a alavancá-la. Em Los Angeles, ele postava sua declaração de uma página sempre que via algum quadro de avisos, totalizando umas 25 cópias distribuídas na visita de dois dias. Em Chicago, quando deparou por acaso com uma pessoa que participava do que a empresa chamava de "equipe de urgência", ele passou alguns minutos tomando café com o colaborador, perguntando o que ele estava fazendo e demonstrando claramente seu entusiasmo e satisfação com algumas das ações relatadas.

Jurgen Bandarhouse é um *geek* clássico que claramente assumiu a liderança da mudança ao criar um "portal de urgência" para a empresa. Tudo começou com um website bem básico. Quando um número cada vez maior de pessoas foi atraído para a atividade pelo entusiasmo e pelos sucessos de Jurgen, o site foi crescendo. Hoje, qualquer pessoa da empresa pode postar notícias. O site disponibiliza vídeos feitos por muitas pessoas – quase todos bastante informais, alguns bobos, outros muito informativos – mostrando o que as pessoas estão fazendo, motivadas pelo senso de urgência em torno de uma grande iniciativa estratégica. As pessoas postam nos blogs. A Declaração da Grande Oportunidade do comitê executivo é apresentada em destaque, com uma série de conversas a respeito, entre as pessoas da empresa. O portal nasceu pequeno, escondido em algum lugar de outro portal que, por sua vez, ficava escondido em um site. Atualmente, o comitê executivo está cogitando deixá-lo em destaque na página inicial de todos os colaboradores.

Molly Halbert criou um jogo de computador incrivelmente inovador e divertido. No jogo, os participantes devem encontrar os maiores desafios e oportunidades estratégicas em um reino mítico. Wen Dalton e uma equipe desenvolveram um pequeno kit que pode ser distribuído aos supervisores que quiserem se informar melhor a respeito da maneira mais adequada de falar com sua equipe sobre os desafios estratégicos. Outra jovem, que trabalha na contabilidade, mas, ao que tudo indica, sonha em ser cineasta em Hollywood, se dedica a ajudar todos os colaboradores da empresa produzindo vídeos curtos, em geral de dois a quatro minutos de duração, para apoiar a iniciativa de urgência. Os vídeos são enviados por e-mail, disponibilizados no portal de urgência e exibidos em reuniões. É bem verdade que alguns não são lá muito bons, mas todos, sem exceção, são autênticos. Alguns são extremamente interessantes e divertidos.

Quando as pessoas que têm um senso de urgência em torno de uma Grande Oportunidade estratégica recebem liberdade de ação e são informadas de que podem ser as mais inovadoras que puderem para recrutar os colegas, é impressionante o que vi acontecer. Elas tendem a usar o próprio tempo livre porque consideram a tarefa importante, divertida ou interessante. Nem tudo o que elas fazem tem um impacto particularmente grande. Mas, juntando tudo, a diferença é enorme, especialmente porque as vitórias atraem mais pessoas à iniciativa e algumas delas geram as próprias conquistas. É assim que o movimento ganha força.

A atividade de iniciativa sem dúvida é mais eficaz quando ninguém está tentando gerenciá-la como se fosse um projeto qualquer. Em outras palavras, a iniciativa não é meticulosamente controlada. É possível que ninguém da alta gestão tenha informações sobre mais do que 5% de todas as atividades em curso. No começo, alguns gestores treinados na hierarquia focada na gestão, do lado esquerdo, podem ficar nervosos com a situação. Mas a abordagem funciona.

E cria uma energia entusiasmada difícil de imaginar para quem nunca a viu com os próprios olhos. É uma força que consegue vencer a resistência inerente de uma hierarquia à criação de um sistema dual, enfrentando diretamente um desafio estratégico e avançando em ritmo acelerado para o futuro. O ímpeto cresce, em grande medida, devido à empolgação com a Grande Oportunidade que, por sua vez, é um fator essencial que investigaremos no próximo capítulo.

sete

A GRANDE OPORTUNIDADE

De nada adianta espalhar um grande senso de urgência por toda a organização, se ele levar as pessoas a sair atirando para todo lado.

A energia que está no cerne da ação acelerada e dos sistemas operacionais duais deve ser uma energia alinhada. O tipo de pioneiro que estabelece esses sistemas começa não apenas imbuindo um grande senso de urgência estratégica em um grande número de pessoas, mas também criando uma força de mudança que alinha os sentimentos, pensamentos e ações das pessoas.

Alinhamento implica foco, o que leva à questão: foco em quê? Em criar o ímpeto necessário para vencer a tendência à estabilidade de uma hierarquia focada na gestão? Em superar as forças que paralisam qualquer inclinação de adotar novas abordagens, com velocidade e agilidade?

Em acelerar ao máximo o avanço do maior número possível de pessoas?

Uma possibilidade de dar início ao processo é alinhar-se com os objetivos estratégicos. Outra opção seria alinhar-se com uma visão. Ou um conjunto de iniciativas estratégicas. Ou planos mais específicos. No fim das contas, todas essas possibilidades precisam ser comparáveis para criar um ímpeto apontando em uma única direção. Mas, no início, o que vocês precisam fazer para difundir o senso de urgência? Ou será que isso faz mesmo alguma diferença, contanto que a energia gerada seja alinhada?

Nos casos mais bem-sucedidos de aceleração de uma nova estratégia e construção de um sistema dual, isso de fato parece fazer muita diferença. E, em termos de visão, estratégia, iniciativas estratégicas ou planos, a resposta para a pergunta sobre o melhor lugar para começar é: nenhuma das alternativas anteriores. Na verdade, existe uma opção que, por várias razões, é muito melhor.

O MELHOR PONTO DE PARTIDA: POSSIBILIDADES E OPORTUNIDADE

Quase todas as organizações de alto desempenho têm a possibilidade de continuar prosperando muito, apesar de estarem entrando em um mundo caraterizado por novas regras. São raros os empreendimentos robustos que não têm o potencial de passar de bons a excelentes e raras as organizações em dificuldades que não têm condições de superar os obstáculos e começar a vencer. Como seria de se esperar, no caso de grandes mudanças, as ameaças costumam ser mais proeminentes. Mas a mudança sempre vem acompanhada de novas possibilidades e oportunidades.

Uma "Grande Oportunidade", do modo como o termo é usado neste livro, costuma ser o fruto de mudanças no ambiente de uma organização (tais como novos mercados, novos avanços tecnológicos ou novas demandas impostas a uma empresa pela concorrência ou por uma conjuntura tumultuada), modificações no interior dela (tais como novos produtos ou novo pessoal) ou ambas. Uma Grande Oportunidade tem o potencial de levar a organização a resultados expressivos se a oportunidade for bem alavancada e com rapidez suficiente. Esses resultados poderiam incluir um crescimento rentável bastante acelerado; o poder de inovar com muito mais rapidez em um mundo que requer cada vez mais inovação; uma reputação muito melhor (e merecida) capaz de atrair, mais do que nunca, talentos e recursos financeiros; ou a concretização de uma missão ambiciosa para servir pessoas, comunidades e nações.

Uma Grande Oportunidade é ao mesmo tempo racional, à luz dos dados disponíveis, e emocionalmente atraente para as pessoas da organização. Ela atrai tanto corações quanto mentes. Uma declaração bem articulada de uma Grande Oportunidade descreve de maneira persuasiva uma janela que já está aberta ou está prestes a se abrir em direção a um futuro promissor. Com o tom certo e a aplicação correta, a declaração empolga as pessoas envolvidas e as motiva para tentar alavancar a oportunidade.

Hoje em dia, essas janelas estão surgindo, abrindo-se e fechando-se com muito mais rapidez do que nunca. Há vinte anos, para não falar de quarenta ou sessenta anos atrás, essas janelas de oportunidade estratégica podiam ficar abertas por dez anos ou mais. Hoje, elas podem desaparecer em uma fração desse tempo. Não havia necessidade de correr para consolidar presença na China, na

Indonésia ou no Brasil algumas décadas atrás, porque os mercados para a maioria dos produtos e serviços nesses países eram minúsculos ou, em geral, fechados para estrangeiros. Hoje em dia, um grande número desses mercados é considerável, ativo e conta com um crescimento de 20% ao ano.

Uma Grande Oportunidade não é uma "visão", embora as duas possam parecer semelhantes. Uma Grande Oportunidade poderia incluir algo como "Devido à situação X e à nossa competência especial Y, temos uma oportunidade bastante concreta e empolgante de oferecer o serviço Z e aumentar consideravelmente nosso faturamento e lucros a partir deste ano, por pelo menos cinco anos, com benefícios sem precedentes que fluirão de alto a baixo, por toda a empresa". Se a velocidade da tomada de decisão, o atendimento ao cliente e o talento forem fatores que a empresa precisa mudar para alavancar a oportunidade, uma visão de mudança de um ano poderia incluir algo como: "Vamos aumentar a velocidade das nossas decisões, satisfazer melhor as necessidades dos nossos clientes e ser um lugar onde as pessoas queiram trabalhar, com orgulho do que fazem".

As pessoas que conseguem criar excelentes sistemas duais focam a criação de um grande senso de urgência centrada na oportunidade, não na visão, por duas razões básicas. Em primeiro lugar, nas hierarquias tradicionais, os gestores e outros colaboradores olham para qualquer comentário sobre o futuro pelas lentes dos próprios silos ou subsilos. Quanto mais qualquer declaração inicial especificar como serão esses silos no futuro (o que as visões, por natureza, costumam fazer), maiores são as chances de algumas pessoas não gostarem de qualquer detalhe dela, o que lhes dará a ideia de que seus silos poderão perder poder, influência, verbas ou outros recursos. O resultado será a oposição a uma reação negativa e uma resistência ativa ou passiva. As declarações de oportunidade não provocam o mesmo tipo de reação ou, pelo menos, o fazem com muito menos frequência, devido ao foco em possibilidades racionais e empolgantes fora da organização, não em ameaças explícitas ou implícitas ao *status*, poder, às opções ou ao emprego das pessoas.

Em segundo lugar, as declarações de visão podem facilmente ter um tom do tipo "essa é nossa visão e cabe a vocês concretizá-la". A alta gestão raramente quer passar essa mensagem nas entrelinhas, mas é isso que as pessoas acabam entendendo. Algumas pessoas não se importam com o tom, porque pelo menos os superiores parecem saber para onde a empresa precisa ir. Ou não se importam porque respeitam o CEO. No entanto, quando as declarações de visão são usadas para criar um senso de urgência, é fácil para as pessoas sentirem que estão sendo subestimadas e – que surpresa! –, elas não gostam de ser tratadas como ameaça ou com condescendência. Em resumo, isso leva as pessoas a *parar*, quando na verdade elas precisam *avançar*. Uma declaração bem elaborada de Grande Oportunidade dá menos a sensação de um dedo acusador apontado para dentro, para as "crianças" – os gestores e colaboradores. É mais como um dedo apontado para fora, para um arco-íris.

Uma Grande Oportunidade também não é uma forma de "estratégia" ou "iniciativa estratégica". Uma estratégia em geral não passa de uma maneira mais analítica de descrever uma visão. Uma boa visão é, literalmente, algo que as pessoas conseguem vislumbrar, envolvendo ações, pessoas, clientes e, portanto, os negócios nos quais se pretende entrar. Uma boa estratégia usa números e lógica para justificar que a empresa deve entrar em tais e tais negócios, como ela deveria se posicionar nesses negócios e as principais políticas que possibilitarão à empresa conquistar esse posicionamento. As "iniciativas estratégicas" tendem a ser arenas nas quais a ação precisa acontecer para aproximar a organização de uma visão de mudança ou implementar uma estratégia. Se a visão e a estratégia exigirem uma grande transformação para alavancar a oportunidade, todas as iniciativas estratégicas juntas precisarão gerar essa transformação.

Os dois problemas resultantes da criação implacável de um senso de urgência em torno de uma visão também se aplicam à estratégia e às iniciativas estratégicas. É fácil para as pessoas que trabalham isoladas em silos sair achando que a mudança seria uma ameaça a seu status ou recursos ou que a iniciativa de mudança não passa de ordens impostas de cima para baixo. Além disso, as estratégias e os planos estratégicos normalmente soam complexos demais para pessoas com cargos de definição inflexível – ou, em outras palavras, praticamente todos os colaboradores. As pessoas podem ter dificuldade de entender documentos complexos e algumas se ressentirão, mesmo se apenas inconscientemente, de serem colocadas em uma posição de inferioridade, sentindo-se ignorantes por não entender. Pessoas que se sentem ignorantes muitas vezes agem como mulas empacadas: elas se recusam teimosamente a se mover. A boa declaração de Grande Oportunidade pode ser entendida por um auxiliar de escritório ou por um operário de fábrica. E tem o potencial de criar um verdadeiro senso de urgência nos escritórios, nas fábricas ou em qualquer lugar.

Se o processo for iniciado com estratégias ou iniciativas estratégicas para criar um senso de urgência alinhada,

A GRANDE OPORTUNIDADE PRODUZ UMA VISÃO DE MUDANÇA, QUE, POR SUA VEZ, PRODUZ INICIATIVAS ESTRATÉGICAS

A Grande Oportunidade
Uma janela para um futuro vencedor que seja realista, emocionalmente irresistível e memorável.

Visão de mudança
Como é preciso ser para ter a capacidade de capitalizar a Grande Oportunidade.

Iniciativas estratégicas
Atividades que, se concebidas e executadas com rapidez e eficácia suficiente, concretizarão a visão.

normalmente serão usadas declarações emocionalmente áridas: só cabeça e nada de coração. Poucas pessoas serão convencidas – em termos de sentimentos positivos de urgência, com toda a força positiva que os acompanha – se uma ideia for 100% cabeça e 0% de coração. Também nesse caso, o resultado final será que o número de pessoas dispostas a agir de maneira diferente ou fazer algo novo acontecer – dispostas a avançar – pode ser absolutamente ínfimo. Com declarações de Grande Oportunidade bem elaboradas, contudo, o que acontece é o contrário, o que é fundamental para dar o pontapé inicial em todo o processo de execução acelerada da estratégia, ajuste e lançamento de um sistema dual.

O que estou querendo dizer não é que as atividades estratégicas realizadas em praticamente todas as organizações maduras dos dias de hoje devam ser ignoradas ou rejeitadas, se o objetivo for acelerar a ação estratégica e criar um sistema dual. Longe disso. Às vezes, um plano estratégico pode ser justamente a força necessária para lançar uma iniciativa voltada a criar um senso de urgência em torno de uma oportunidade (o que aconteceu, por exemplo, no caso de Davidson, que vimos no Capítulo 5). O plano estratégico deve, no mínimo, ser levado em conta ao elaborar uma declaração de Grande Oportunidade, já que, se os dois não estiverem alinhados, os lados da hierarquia e da rede do sistema dual terão dificuldade, desde o primeiro dia, de trabalhar em conjunto, como uma só organização. O que quero dizer é que não costuma ser muito eficaz simplesmente pegar os planos estratégicos existentes, talvez resumi-los para facilitar a comunicação e utilizá-los como ponto de partida para criar a urgência alinhada (por todas as razões listadas acima).

ELABORANDO A DECLARAÇÃO DE "GRANDE OPORTUNIDADE"

Uma boa declaração de Grande Oportunidade parece ter as características a seguir:

- **Breve.** Ela pode ser escrita em menos de uma página, em geral ocupando só um quarto dela. Isso facilita compartilhar a declaração e criar um senso de urgência em torno da declaração, engajando grandes grupos de pessoas.

- **Racional.** A declaração faz sentido à luz de acontecimentos concretos, dentro e fora de uma organização. Qualquer pessoa razoável não terá como rejeitar a declaração de Grande Oportunidade, que parece ser baseada em uma avaliação precisa da realidade. Uma boa declaração de Grande Oportunidade costuma abordar o "o quê", o "por quê", o "por que nós", o "por que agora" e o "por que nos daríamos ao trabalho", tudo em poucas palavras.

- **Convincente.** A declaração também é, de alguma forma, emocionalmente persuasiva. Ela não é só racional e lógica. Ela apela para os sentimentos. E mobiliza as emoções de todos os públicos pertinentes, não só o pessoal da base ou do topo da hierarquia, de alguns silos e não de outros.

- **Positiva.** Por se concentrar em torno de uma oportunidade, o tom é positivo. O foco não está em alguma crise iminente, com o objetivo de amedrontar as pessoas para forçá-las a sair da complacência, mas sim em algum grande desejo.

- **Autêntica.** A sensação é de autenticidade, não só de mais uma "mensagem bonita" para motivar as tropas. A equipe de liderança sênior que elabora a declaração, ou que pelo menos a aprova, verdadeiramente acredita na mensagem e se empolga com ela.

- **Clara.** É possível criar uma declaração breve, racional, emocionalmente convincente... e mesmo assim ser nebulosa ou ambígua. A falta de clareza invariavelmente prejudicará o desenvolvimento do sistema dual, levando as pessoas a remar em direções diferentes.

- **Alinhada.** Uma boa declaração de Grande Oportunidade deve estar alinhada a quaisquer declarações similares existentes – e, em consequência, aos sistemas duais – nos níveis mais altos da organização. Se uma

> empresa já tiver um sistema dual em operação no nível da organização, mas o departamento de engenharia quiser criar o próprio novo sistema para lidar com grandes problemas estratégicos específicos à área, a declaração de Grande Oportunidade da engenharia deve ser alinhada à declaração da empresa como um todo. Em termos mais gerais, qualquer falta de alinhamento com documentos existentes (por exemplo, os planos estratégicos) acabará criando tensões e desgaste.

Veja um resumo simples que cobre praticamente todos os pontos: uma declaração de Grande Oportunidade deve ser *racional* (por que nós, por que agora, por quê...), *emocionalmente persuasiva* (um apelo sincero, positivo e autêntico às emoções das pessoas) e memorável (clara, curta, livre de jargões).

Uma das razões pelas quais as declarações de visão e missão, do modo como costumam ser elaboradas nos dias de hoje, deixam de ter qualquer efeito concreto em uma organização é a ausência dessas qualidades. Elas são difíceis de entender, soam como um mero papo para boi dormir e não como uma análise razoável, e simplesmente parecem falsas ou não são convincentes a ponto de alterar o comportamento das pessoas. Declarações como essas provocam o impulso de *parar.*

Descobri que as melhores declarações de Grande Oportunidade são criadas pela equipe executiva da unidade que deseja: 1) uma estratégia acelerada, imediatamente, 2) um novo modo de operação para vencer no século 21 ou 3) ambos. A unidade pode ser uma empresa, uma divisão de uma empresa, uma entidade funcional ou geográfica dentro de uma empresa, uma organização sem fins lucrativos (como um sistema escolar) ou parte de algum órgão do governo (como uma unidade da Marinha). Não temos qualquer evidência de que consultores ou forças-tarefa são capazes de elaborar uma declaração como essa, para as pessoas que efetivamente administram a unidade relevante.

Pode até existir modelos de declarações de Grande Oportunidade por aí, bastando preencher as lacunas para criar sua declaração, mas nunca encontrei evidências da eficácia de uma abordagem como essa. As pessoas parecem precisar de algum espaço de manobra em termos de conteúdo e processo para elaborar a declaração certa para cada caso.

Descobri que o segredo para elaborar excelentes declarações de Grande Oportunidade é conhecer seus objetivos com absoluta clareza. Os fatores mais fundamentais são:

1. Criar uma declaração memorável, inteligente e emocionalmente persuasiva.
2. Ter um produto tão bom que, quando perguntarem à alta gestão se seus integrantes acreditam nele e se querem muito se beneficiar dele, todas as pessoas na sala levantarão a mão, a maioria rapidamente e com absoluta sinceridade.
3. Ter uma declaração tão boa que alguns integrantes do comitê executivo vão querer ajudar a comunicá-la para o resto da organização, com o objetivo de criar um grande senso de urgência em torno dessa oportunidade. Quando pelo menos duas pessoas do comitê executivo se oferecerem para ajudar a liderar a iniciativa – mesmo sem saber ao certo para o que estão se oferecendo, quanto tempo isso tomará ou as dificuldades da tarefa –, esse será um bom sinal de que conseguiram criar uma excelente declaração de Grande Oportunidade.

EXEMPLO: RÁPIDO CRESCIMENTO NO SETOR DE SERVIÇOS DE MANUFATURA

A empresa era sediada na Costa Leste dos Estados Unidos. Na ocasião de um trabalho que fizemos com a empresa, ela tinha um faturamento de US$ 7 bilhões ao ano, decorrente da construção de instalações de fabricação para outras empresas. O setor tinha passado mais de uma década estagnado no mundo todo. Uma série de forças – econômicas, sociais e políticas – estavam se alinhando para mudar essa realidade, muito possivelmente de maneira significativa. A equipe de liderança sênior sabia disso, mas pediu que uma força-tarefa analisasse formalmente os dados e reportasse as conclusões. A força-tarefa relatou que a oportunidade, na opinião deles, de fato era enorme.

O comitê executivo desenvolveu uma declaração de Grande Oportunidade e a usou para criar o senso de urgência. Metade da equipe de liderança recebeu a declaração com um nível de energia e um senso de urgência que não se via na empresa há muitos anos. A maioria tinha odiado o "tempo [que passaram] no deserto" (na expressão deles), quando o setor e o crescimento da receita tinham ficado estagnados. E a maior parte do restante da equipe acreditava que a declaração poderia muito bem refletir a verdade. É claro que eles esperavam que a declaração fosse válida, mas ninguém tinha como garantir a precisão do conteúdo, de modo que algumas pessoas assumiram uma atitude defensiva, tanto intelectual quanto emocionalmente. Um membro da equipe olhou para a Grande Oportunidade com um sorriso de escárnio cáustico (no espírito de "Já vi isso antes..."), um sentimento que, contudo, ele não revelou ao CEO.

Este e todos os exemplos que se seguem foram alterados para proteger a identidade das organizações e pessoas envolvidas. Mas a essência dos contextos organizacionais e das declarações foi mantida. Neste caso específico, a declaração elaborada foi:

> *Devido à mudança de postura do público e das alterações nas necessidades do mercado, temos a oportunidade de dobrar nosso faturamento dentro de quatro ou cinco anos e assumir a liderança global no nosso setor de atividade. Isso implicaria assumir a liderança em termos de participação de mercado nas regiões em que atuamos. Isso, por sua vez, significaria obter a maior porcentagem de fábricas construídas.*
>
> *Essa possibilidade é realista. Nós só precisaremos manter nossa liderança tecnológica, o que sem dúvida é possível. O objetivo é realista, se praticarmos nossos valores todos os dias, o que sem dúvida somos capazes de fazer.*
>
> *No fim, nossa conquista será um reflexo do sucesso dos nossos clientes. E nossos clientes de sucesso ajudarão milhões de pessoas ao redor do mundo a viver melhor.*

A maioria de nós já viu declarações como essa, que à primeira vista podem soar como simples retórica vazia, algo que no fim nunca chega a nada de útil. Comunicados como esses são enviados por e-mail ou lidos em reuniões. Ficam gravados em placas que são penduradas nas paredes de alguns escritórios ou fábricas. É rara a obtenção de resultados concretos, por uma série de razões. Mas essa declaração foi eficaz. O que acabou acontecendo foi que, no caso, alguns dos colaboradores que já tinham passado anos ouvindo pronunciamentos de que dias melhores estavam por vir – quando na verdade não estavam – reagiram, inicialmente, com cautela ou trataram com ceticismo a declaração. Mas não foi essa a atitude dos mais jovens. Dos que desejavam que a declaração fosse verdadeira. Dos que viram as estrelas se alinhando. Da maior parte do comitê executivo que elaborou a declaração. Portanto, a declaração de Grande Oportunidade tinha o potencial de ser um veículo poderoso para imbuir um grande número de pessoas de um senso de urgência alinhada, levando-as a *avançar*. A declaração tinha o potencial de vencer a complacência e a nebulosidade estratégica inerentes às hierarquias.

E, no caso, o potencial foi maximizado porque, como vimos no Capítulo 6, as pessoas, a começar pelo comitê executivo e se estendendo muito além, foram implacáveis na comunicação dessa ideia, por meio de ações e palavras. O Acelerador 1 funcionou como deveria. Uma grande força foi criada para dar início ao processo de aceleração da estratégia e construção de um sistema operacional dual.

EXEMPLO: REVOLUCIONANDO AS CADEIAS DE SUPRIMENTO

Vejamos o exemplo de outra empresa, dessa vez do setor de alta tecnologia, sediada na Costa Oeste dos Estados Unidos e com cerca de US$ 2 bilhões de faturamento anual. Em suas áreas de produto tradicionais, ela ocupava o terceiro lugar em participação de mercado. No entanto, o setor de atividade passava por uma descontinuidade e uma tecnologia radicalmente nova ameaçava fazer com que as linhas de produtos existentes se tornassem obsoletas. O ambiente estava repleto de incertezas.

Vejamos a declaração de Grande Oportunidade dessa empresa:

> *Os clientes estão repensando toda sua infraestrutura de cadeia de suprimento. Temos a oportunidade de revolucionar os processos de cadeia de suprimento com nossos produtos inovadores e nossa cultura, de enorme dedicação ao sucesso*

do cliente. Temos uma oportunidade bastante realista de nos tornar a primeira escolha dos clientes e construir uma empresa da qual todos nós poderemos nos orgulhar pelo resto da vida.

Essa declaração consegue ser ainda mais curta que a do exemplo anterior. Mas veja quanto conteúdo foi sintetizado em apenas três frases. Uma avaliação geral do que eles exatamente poderiam fazer para os clientes (revolucionar seus processos de cadeia de suprimento). Uma crença bastante específica sobre o epicentro dessas mudanças (a infraestrutura de cadeia de suprimento dos clientes). A crença de que a empresa será capaz de usar novos produtos que julgar inovadores para revolucionar a infraestrutura da cadeia de suprimento dos clientes, para ajudá-los a atingir o sucesso. Uma avaliação de que, com a cultura da empresa de colocar o cliente em primeiro lugar, a força de vendas seria capaz de convencer os clientes, alguns sem dúvida bastante conservadores, a comprar esses produtos, apesar de sua utilização poder exigir algumas grandes mudanças. Uma afirmação implícita de que tudo isso levará a empresa conquistar uma maior participação de mercado ("nos tornar a primeira escolha dos clientes"). Outra crença implícita de que isso deixaria os colaboradores da empresa muito orgulhosos, o que significaria muito para eles e para o sucesso da empresa no futuro.

Eu poderia pegar tudo isso, estender-me em explicações detalhadas, incluir alguns fatos ou suposições aparentemente válidas e acabar com um documento de duas ou três páginas que mais pareceria uma nova estratégia de negócios. Ou inserir algumas estatísticas, criar um documento de dez a vinte páginas, repleto de dados difíceis de lembrar, intelectualmente complexos, emocionalmente insípidos e com detalhes suficientes para levar à paranoia um bom número de pessoas que trabalham confinadas em silos ou níveis hierárquicos.

Essa afirmação também difere do primeiro exemplo no sentido de que a mudança que abre a janela de oportunidade é tecnológica, e não econômica, social ou política. Mas, em grande parte, ela também satisfaz os critérios da primeira declaração. E, embora possa não parecer especialmente empolgante para alguns leitores deste livro, isso é irrelevante. O importante é que a mensagem convenceu o pessoal da empresa.

EXEMPLO: TRANSFORMANDO AS VENDAS E O MARKETING NA ÁREA DE SAÚDE

Vejamos outro caso. Neste exemplo, a empresa é a unidade norte-americana – composta quase exclusivamente de pessoal de vendas e marketing – de uma corporação europeia de alta tecnologia que atua na área da saúde. A organização-mãe tem um faturamento anual de US$ 18 bilhões.

A história, em resumo, foi a seguinte. A equipe de liderança da empresa nos Estados Unidos tinha dois novos produtos cujo potencial de venda era enorme e também contava com dois grandes produtos que agora passavam pelo fim de seu ciclo de existência. O processo orçamentário utilizado pela organização tradicional do lado esquerdo, como era de se esperar, analisava precedentes históricos dentro da empresa e projetava cenários futuros de acordo com eles. Essas projeções estimavam uma queda do faturamento por alguns anos (porque os produtos antigos morreriam mais rapidamente do que os novos cresceriam) até, na melhor das hipóteses, ele aumentar lentamente por alguns anos (quando os novos produtos crescessem um pouco mais rapidamente do que a "morte" dos produtos antigos). Devido ao fato de os silos (e as pessoas) tenderem a assumir uma postura defensiva nas hierarquias focadas na gestão, quando os orçamentos foram consolidados de baixo para cima, a linha de receita projetada passou três anos estagnada e a linha de lucro caiu. Assim, a discussão se focava exclusivamente no problema e não em alguma ousada oportunidade... até que o diretor de vendas e marketing da divisão falou com firmeza e com convicção para o comitê executivo.

"Por que precisamos lançar esses dois novos grandes produtos como fizemos no passado ou só com algumas pequenas melhorias no nosso processo padrão? O que nos impede de revolucionar o processo? É bem verdade que isso exigiria algumas grandes transformações no marketing e nas vendas. E é bem verdade que isso demandaria uma nova maneira de fazer essas transformações estratégicas. Mas basta fazer os cálculos. Vejam o que isso poderia fazer para o crescimento de nossa receita em um período de dois a cinco anos. Analisem o que isso poderia fazer pelo nosso posicionamento competitivo. Observem o que isso poderia fazer para nós e nossos colaboradores. Quem não preferiria vencer, em vez de se limitar a segurar as pontas? Em vez de o pessoal da matriz ficar no nosso pé, eles se transformariam em enormes defensores da mudança. E façam os cálculos pensando nas comissões de vendas!."

Assim, estabeleceu-se um diálogo que levou à elaboração de uma declaração de Grande Oportunidade e à criação de um novo sistema dual, o que, por sua vez, proporcionou um grande benefício à empresa, mais rapidamente ainda do que o diretor de vendas e marketing tinha imaginado.

Veja a declaração de Grande Oportunidade da unidade:

> *Com nossos novos produtos, nada nos impediria de dobrar o tamanho da unidade americana em menos de cinco anos, resultando em um grande aumento das comissões para toda nossa força de vendas. Nossos clientes ficarão felizes, nossa força de vendas ficará feliz e nossa organização-mãe ficará nas nuvens!*

Essa é a declaração de oportunidade mais curta que já vi, mas também nesse caso ela consegue incluir um grande número de informações. O foco é colocado nos novos produtos que serão lançados em breve. A declaração ajuda a responder as perguntas o quê, por que agora e por que nós. E, ao seu próprio estilo extremamente conciso, a declaração usa argumentos tanto analíticos e baseados em dados ("dobrar o tamanho... em menos de cinco anos") quanto emocionais ("feliz" e "nas nuvens") abrangendo três grupos importantes (clientes, força de vendas e organização-mãe).

Outro dia desses, mostrei essa declaração de oportunidade a uma pessoa de outra empresa, que disse: "Mas nós não temos nenhuma oportunidade estratégica dessa magnitude. Qualquer declaração sincera vinda de nós soaria monótona. Ou trivial". Na verdade, foi exatamente assim que soou para pelo menos a metade dos executivos da organização que criou a declaração reproduzida acima.

EXEMPLO: UMA TRANSFORMAÇÃO NAS FORÇAS ARMADAS

Neste caso, a organização era uma unidade das Forças Armadas dos Estados Unidos que vinha sendo pressionada pelo governo federal a fazer cerca de 30% mais do que já havia realizado em toda sua história, pelo menos desde a Segunda Guerra Mundial. A unidade vinha tentando aumentar sua produção usando muitos métodos populares hoje: metas expandidas nos planos operacionais, forças-tarefa com objetivos especiais e discursos bastante severos do comandante geral a seus cinquenta oficiais mais seniores. Mas o progresso era dolorosamente lento em uma organização que passou décadas atuando praticamente do mesmo jeito.

Veja a declaração de Grande Oportunidade deles:

> *Com o pessoal que agora temos no topo da unidade, com as demandas de Washington e com os desafios bastante concretos de uma guerra prolongada, temos a oportunidade de eliminar os processos ineficientes e a inércia organizacional que se acumularam nos últimos cinquenta anos.*
>
> *Temos a chance, nos próximos dois anos, de criar uma mentalidade que inclui um novo senso de otimismo, cumprimento da missão e responsabilidade. Será uma mudança drástica, tanto de ideias quanto na prática, que nos ajudará a atingir nossos objetivos imediatos e nos posicionar melhor para enfrentarmos os desafios do século 21.*
>
> *Não podemos deixar passar essa oportunidade. Não podemos desapontar nosso governo, nossa nação, nossa unidade e nosso povo.*

Nesse caso, uma organização presa ao passado teve a oportunidade de se preparar para o futuro alavancando demandas imediatas bastante concretas e rigorosas. Antes de criar a declaração de oportunidade, eles já tinham conversado sobre a situação, pelo menos em particular, em tons bastante negativos – reclamando, por exemplo, das metas insensatas do Pentágono, que teria perdido o contato com a realidade e se tornara irremediavelmente politizado – e já vinham tentando métodos convencionais de melhoria da produtividade que até foram eficazes, mas só até certo ponto. Eles não estavam conseguindo avançar, até que os líderes reconheceram uma oportunidade na situação e a traduziram em uma declaração racional, convincente e memorável. Isso levou a uma abordagem completamente diferente, que resolveu os desafios estratégicos imediatos e criou uma nova maneira de operar no futuro.

A primeira parte do primeiro Acelerador é a criação de uma força capaz de dar início ao desenvolvimento de um

A GRANDE OPORTUNIDADE, A REDE E OS RESULTADOS ACELERADOS

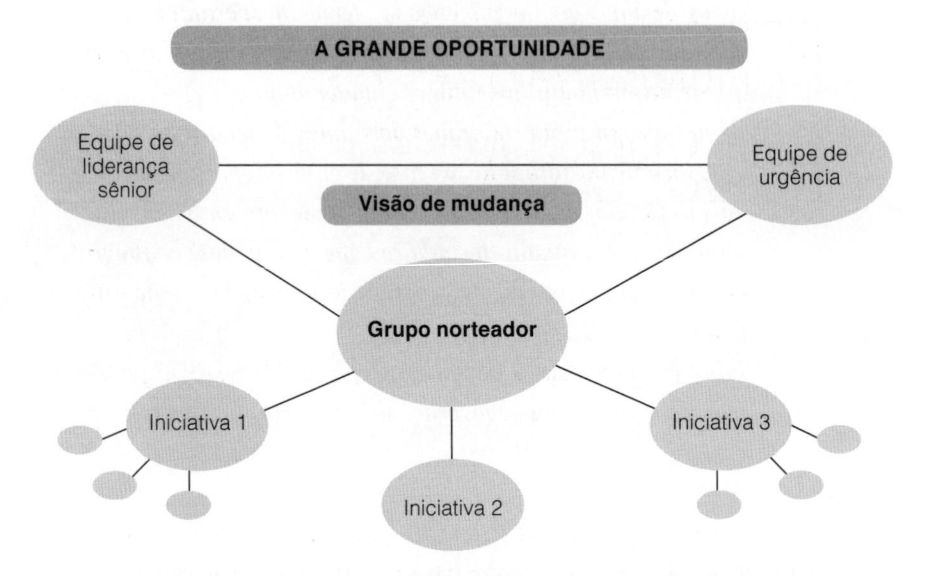

sistema dual, identificando ou esclarecendo uma Grande Oportunidade. Todo o resto flui a partir daí. A segunda parte desse Acelerador diz respeito a encontrar os meios, como vimos no Capítulo 6, para possibilitar o crescimento contínuo de um senso de urgência centrado na declaração de Grande Oportunidade e oriundo dos gestores e colaboradores. Se essas tarefas forem bem realizadas, todo o resto se torna possível, até em uma organização na qual a primeira reação lógica ao conteúdo deste livro fosse "Seria impossível fazer isso aqui".

oito

COMO COMEÇAR: PERGUNTAS E RESPOSTAS

Passamos tanto tempo em um mundo de organizações hierárquicas de sistema único que, quando uma abordagem diferente é proposta – até mesmo uma abordagem tão orgânica e intuitiva quanto um sistema dual ou uma abordagem já confirmada por casos de sucesso –, muitas questões são levantadas. Esse tipo de reação é muito natural. E, apesar da simplicidade do conceito básico do sistema dual, pode ser difícil implementar um sistema como esse, dependendo do nível de entrincheiramento e isolamento da hierarquia.

Meus colegas e eu descobrimos que os líderes que propõem a seus colegas, colaboradores ou gestores as ideias apresentadas neste livro costumam se deparar com os mesmos tipos de perguntas. Sua capacidade de esclarecer essas dúvidas pode fazer a diferença entre avançar com grandes chances de sucesso ou seguir em frente de uma maneira que praticamente garante, mais para frente, a ocorrência de problemas desnecessários ou debilitantes.

Veja algumas perguntas mais comuns, acompanhadas das respostas que consideramos mais eficazes.

PERGUNTA: **Nós já usamos uma estrutura desse tipo na forma de forças-tarefa interdepartamentais, "equipes especializadas", "equipes de trabalho autogeridas" ou algo parecido. O que você está propondo não é basicamente a mesma coisa?**

RESPOSTA: Esses tipos de equipes e forças-tarefa de fato têm algumas características em comum com um sistema operacional dual, mas no geral os dois são bastante diferentes. As forças-tarefa interdepartamentais e outros grupos similares são controlados por uma hierarquia de sistema único e funcionam dentro dela. Eles são destinados a complementar a estrutura organizacional do século 20 para ajudar a desenvolver e executar novas iniciativas estratégicas e outras iniciativas no ambiente dos dias de hoje. As pessoas que se encarregam do trabalho nessas equipes são nomeadas (mesmo quando a palavra "voluntário" é usada, a realidade costuma se aproximar mais de um "recrutamento"). Em geral, as equipes são lideradas por um gerente de projetos ou de programa que também é nomeado. Equipes como essas raramente envolvem mais do que algumas dezenas de pessoas. Elas quase sempre são dissolvidas depois de determinado prazo. Normalmente, essas equipes usam processos de gestão padrão: elaboração de planos e métricas, definição de verbas e prazos, relatórios regulares do progresso de todos os planos e atingimento de marcos apresentados a pessoas em posições superiores da hierarquia.

Nas circunstâncias certas, esses tipos de equipes e processos pode ajudar muito. No entanto, em termos da energia e do alinhamento necessários para ajudar a organização a se manter à frente da concorrência feroz, em um mundo turbulento, nem dá para comparar essa abordagem com a de um sistema dual.

PERGUNTA: **Sabemos como executar novas estratégias e fizemos isso muitas vezes. O que justificaria abandonar os métodos que deram certo no passado e que as pessoas já conhecem?**

RESPOSTA: É bem possível que *não* seja necessário abandonar aquilo que já fazemos bem. A questão é que aquilo que estamos fazendo provavelmente precisa de um "combustível aditivado", pelo menos por quatro grandes razões.

Para começar, pensem em como o mundo está mudando e, portanto, em como precisamos nos adaptar para continuar vencendo. Já está mais do que claro que os eventos estão acelerados, devido, em grande parte, a avanços tecnológicos e de integração global. Já estamos passando do ponto no qual a eficácia pode ser mantida com os velhos métodos. Como diz o ditado: "O que nos trouxe até aqui não nos levará até lá". Até nos casos de uma mudança pontual de grande escala, há evidências muito convincentes de que as organizações estão fracassando pelo menos 70% das vezes e que menos de 5% dos casos conseguem atingir rapidamente as metas pretendidas. Pouca gente sabe disso porque as pessoas relutam em admitir ou informar seus fracassos, por razões óbvias. E, repetindo: os sucessos, em menos de 5% dos casos, tendem a envolver uma mudança pontual, não uma série contínua de ajustes estratégicos executados rapidamente em um ambiente tumultuado. A capacidade de fazer ajustes contínuos pode ser uma enorme vantagem estratégica.

Em segundo lugar, pensem em tudo o que está em jogo. Nesse sentido, a lição sobre o que não fazer apresentada no

Capítulo 3 é bastante reveladora. A incapacidade de lidar bem com os desafios estratégicos sempre teve graves consequências. Para uma grande empresa, a diferença entre o sucesso e o fracasso passou décadas representando potencialmente bilhões de dólares em capitalização de mercado. Mas, nos dias de hoje, a diferença é, cada vez mais, entre o sucesso e a mais completa ruína.

Em terceiro lugar, pensem nos riscos. Normalmente evitamos qualquer coisa que nos pareça radicalmente nova, devido a todos os fatores desconhecidos. No entanto, as empresas estão sendo forçadas a realizar reorganizações cruciais, grandes reestruturações de TI ou fazer grandes investimentos em mercados emergentes, que têm riscos consideravelmente maiores do que a criação de um sistema dual. O lançamento de um sistema dual é um processo orgânico que raramente requer um investimento inicial expressivo.

Em quarto lugar, pensem na comparação entre seus sucessos mais recentes e alguns dos primeiros dados disponíveis sobre os resultados dos sistemas duais: o dobro da receita em apenas dois anos; quase o dobro da capitalização de mercado em trinta meses; passar de uma instalação que precisaria ser fechada a uma organização-modelo do setor de atividade; a transformação de uma organização totalmente presa ao passado em uma que está definindo o próprio futuro, em menos de três anos.

PERGUNTA: **Como poderemos mensurar os resultados de um sistema dual ou do lado da rede do sistema?**

RESPOSTA: Os grupos norteadores que tenho observado tentam mensurar os resultados, mas não como faz uma hierarquia focada na gestão. Os sistemas do lado esquerdo criam métricas relativas a um plano operacional. Já as redes aceleradoras não têm planos operacionais tradicionais.

Elas têm declarações de Grande Oportunidade, visões de mudança e uma lista de iniciativas estratégicas e subiniciativas atuais. Os sistemas do lado esquerdo tendem a ignorar as métricas que não podem ser quantificadas. Já as redes aceleradoras mensuram os sucessos das iniciativas quantitativamente, mas também usando observações e inferências. Os sistemas de mensuração orientados à gestão tendem a ser definidos e monitorados por subsilos criados exclusivamente para essa função. Já as redes do lado direito permitem que as equipes da iniciativa criem e usem os próprios indicadores. Desse modo, os métodos de mensuração podem variar muito, refletindo a natureza de *startups* inovadoras, rápidas e ágeis, em comparação com organizações maduras, confiáveis e eficientes.

Algumas iniciativas do lado da rede produzirão resultados econômicos que podem ser calculados com facilidade. Por exemplo, uma iniciativa do lado direito implementa um novo processo que reduz os custos de compra em x dólares por ano. Ou uma série de iniciativas lança um novo produto em seis meses, ao contrário dos nove meses tradicionais, e sem qualquer custo adicional. A receita incremental nesse período de três meses acrescenta y dólares às vendas do ano.

Já outras iniciativas levam a resultados observáveis, porém mais difíceis de mensurar, como: mudanças comportamentais que se tentou implementar durante anos, sabe-se lá a qual custo, mas sem sucesso. Vimos um caso no qual a alta gestão passou uma década acreditando que uma melhor colaboração entre as equipes de vendas de diferentes divisões de produtos ajudaria a aumentar o faturamento. Então, a energia da equipe de voluntários gerada por uma iniciativa do lado direito levou a uma autêntica colaboração, pela primeira vez na história da empresa! Ou a empresa pode ter passado um bom tempo buscando aumentar o engajamento dos colaboradores, algo que o novo sistema parece ser capaz de fazer. Ou tentou-se, sem sucesso, criar uma cultura de inovação e, com o novo sistema dual, essa ambição parece estar sendo concretizada.

Algumas métricas do lado direito serão quantitativas, porém indiretas, no sentido de que não é possível comprovar, em termos absolutos, uma relação causal. Esses são, em geral, os principais indicadores. Por exemplo: um sistema dual como um todo pode ter contribuído para gerar um sentimento entre os colaboradores, mensurado em pesquisas anuais de comportamento, de que a empresa é o melhor lugar para trabalhar e algumas pessoas acreditam que isso explica o aumento de Z% de candidatos a emprego na empresa. Ou as avaliações de desempenho mostram um aumento mensurável no número de pessoas recebendo avaliações melhores no critério "liderança" e que a maioria delas teve alguma atuação no sistema da rede. Ou as pessoas simplesmente se sentem mais energizadas nos escritórios ou fábricas – algo talvez impossível de mensurar com precisão, mas que indica a atuação da rede –, refletindo a força gerada pelos participantes mais ativos do novo sistema dual.

PERGUNTA: **Como as pessoas que atuam na rede se responsabilizarão pelo trabalho que se oferecerem para fazer? Que métricas podemos usar para mensurar o desempenho individual? Que estrutura de benefícios tem mais sucesso em recompensar as pessoas por seu trabalho no lado direito?**

RESPOSTA: Esse tipo de pergunta é algo natural para o lado esquerdo. Elas devem ser respondidas com muita clareza em qualquer hierarquia focada na gestão, ou esse sistema simplesmente não tem como fazer bem seu trabalho.

Porém, fatores como prestação de contas, métricas e compensação dos colaboradores individuais não são essenciais em uma rede aceleradora da estratégia. Do lado direito de uma organização, os principais fatores de sucesso são o senso de urgência, o entusiasmo, a comunicação aberta, o empoderamento, um princípio operacional voltado ao desejo e muitas pessoas exercendo a liderança. E os Aceleradores, como descritos neste livro, lidam diretamente com essas questões.

Isso não quer dizer que ninguém ligue para a prestação de contas no lado direito da uma organização. No entanto, devido à própria natureza bastante diferente do sistema, as pessoas responsabilizam umas às outras por exercer seus respectivos papéis na rede. Como é interessante ter métricas para monitorar o progresso das iniciativas ou para identificar as vitórias que devem ser celebradas, as equipes criam seus próprios indicadores. Ainda estou para ver um caso em que um regime de benefícios seja necessário para que as pessoas façam o trabalho da rede, do lado direito. Elas participam das atividades aceleradoras por outras razões que não incluem a remuneração.

PERGUNTA: **A quem a rede do lado direito se reporta?**

RESPOSTA: Também nesse caso, "reportar" não é o termo mais adequado para descrever a relação entre as duas partes de um sistema dual. Essa relação é, e deve ser, uma parceria simbiótica. É bem verdade que, para o sistema funcionar e se manter, o comitê executivo do lado esquerdo deve decidir montar a rede, permitir seu funcionamento e dar exemplos de um comportamento propício. Considerando que é no lado esquerdo que a governança e a estrutura residem, a hierarquia terá grande influência sobre a existência da rede e a autoridade de descontinuá-la a qualquer momento. O lado da hierarquia também deve identificar ou acolher uma

Grande Oportunidade, que atuará como o elemento norteador e o principal motivador da rede.

Mas, desde o início, o grupo norteador e o comitê executivo devem firmar uma estreita parceria para ajudar a manter os dois lados bem conectados, funcionando como uma única organização e estando estrategicamente alinhados, mas não trabalhando nas mesmas tarefas, de modo a desperdiçar recursos. Sempre leva um pouco de tempo e esforço para criar o melhor tipo de parceria, mas já vi isso sendo feito, o que contribuiu enormemente para o desempenho espetacular da empresa.

PERGUNTA: **Então, quem administra o lado direito? O grupo norteador? Se for o caso, quem administra o grupo norteador? E como?**

RESPOSTA: Não é bem uma questão de "administrar" o lado direito. "Orientar" ou "liderar" são termos mais apropriados do que "administrar" e quem se encarrega disso é o grupo norteador. Nos melhores sistemas duais, o grupo norteador tem muitas funções, que incluem: 1) a garantia de que a rede tenha uma visão de mudança completamente alinhada com a Grande Oportunidade; 2) a determinação das principais iniciativas estratégicas em todos os momentos e a certificação de que elas estejam alinhadas com a visão de mudança e quaisquer planos estratégicos e iniciativas estratégicas do lado esquerdo; 3) a manutenção de uma estreita comunicação com o comitê executivo, mas não em uma relação de subordinação ao lado esquerdo; 4) monitoração, não controle, dos acontecimentos da rede aceleradora da estratégia, em busca de sobreposições que possam ter passado despercebidas entre as iniciativas do lado direito e do lado esquerdo, facilitando a comunicação e a resolução de problemas nas iniciativas; 5) a procura pelas vitórias e sua celebração; e 6), em geral, a manutenção dos processos aceleradores em bom funcionamento.

Quanto a quem administra o grupo norteador, ninguém faz isso, pelo menos não no sentido hierárquico da coisa. Um facilitador ajuda o grupo a trabalhar em equipe. Sempre haverá uma ou duas pessoas às quais o restante do grupo recorrerá mais, que se destacarão naturalmente e ajudarão a liderar todas as iniciativas mais importantes. Algumas pessoas do grupo norteador podem se revelar líderes especialmente fortes, a quem os outros membros recorrerão em caso de divergência ou confusão. Mas não existe uma hierarquia formal tradicional.

PERGUNTA: **Quanto tempo e esforço os líderes seniores e outros gestores precisarão alocar para implementar esse novo sistema?**

RESPOSTA: Como o novo sistema é orgânico – e não um projeto gigantesco independente que precisa ser concebido, avaliado, provido de recursos e gerido, e também não é uma enorme reorganização que deve ser planejada e executada –, a resposta é: incrivelmente pouco tempo e esforço. O que os líderes seniores fazem, ou deixam de fazer, ao aderir, apoiar e ajudar no desenvolvimento de um sistema dual, é de importância vital. Mas isso requer pouco tempo, exceto, talvez, para os gestores que se oferecerem para trabalhar pessoalmente no sistema do lado direito. Para todos os outros integrantes da alta gestão, as atividades do lado direito – incluindo lançar o processo com uma declaração de Grande Oportunidade, familiarizar-se com os princípios, processos e estrutura, manter-se conectado com o grupo norteador em uma estreita parceria e demonstrar entusiasmo pelos sucessos do lado direito – poderão tomar até 5% do tempo deles, não mais do que isso. Isso significa, em média, umas duas horas por semana. São duas horas muito importantes e, para alguns, bastante difíceis, considerando que o processo é tão diferente e novo para eles. Mas suas atividades normais e compromissos do lado esquerdo não precisarão ser reduzidos em função das demandas do lado direito.

Muito mais do que o tempo necessário, o que importa é o modo como a alta gestão se comportará nessa pequena alocação de tempo. O que importa é a liderança, não a gestão. É importante que a hierarquia dê exemplos do comportamento certo, para possibilitar o crescimento da rede. Grande parte desse trabalho é bastante simples: comunicar o teor da declaração de Grande Oportunidade ou dar tapinhas nas costas das pessoas quando elas gerarem uma vitória.

E, para o líder da unidade que estiver criando um sistema dual, sem dúvida, é especialmente importante fazer esse tipo de coisa. Ele não pode delegar a tarefa de liderar o novo "projeto". A aceleração estratégica e os sistemas duais não são um projeto. O líder deve valorizar a iniciativa e demonstrar isso.

PERGUNTA: **É claro que contratar um exército de consultores de gestão empresarial qualificados, elaboradores de relatórios e entregadores de resultados tangíveis para construir um sistema dual na nossa empresa não tem como dar certo. Mas nosso pessoal e nossa gestão já estão sobrecarregados. Como podemos fazer isso acontecer?**

RESPOSTA: Vocês estão certos sobre a terceirização. E, sim, muitas pessoas na organização se sentem sobrecarregadas. Mas o processo acelerador é concebido para obter muito mais *output* com o mesmo *input*, uma possibilidade que já foi comprovada incontáveis vezes.

O primeiro passo Acelerador, se bem executado, deixa grandes grupos de pessoas com um amplo senso de urgência e alta dosagem de energia, em torno de uma Grande Oportunidade, uma oportunidade que lhes parece, ao mesmo tempo, sensata e emocionalmente persuasiva. Isso faz toda a diferença, e ajuda a atrair voluntários à iniciativa, pessoas que se oferecem para dar conta de seu trabalho do dia a dia e um pouco mais, e impedindo-as de abandonar a iniciativa devido às pressões normais presentes no lado esquerdo.

O verdadeiro senso de urgência, mobilizado por uma oportunidade emocionalmente persuasiva, estimula o desejo autêntico das pessoas de fazer algo importante. Ele impulsiona a paixão que todos nós somos capazes de sentir, mas que, no trabalho, raramente nos é dada a chance de expressar. O senso de urgência se conecta com as fontes interiores de energia das pessoas que desejam profundamente que sua organização vença e que ficam horrorizadas quando as missões não são concretizadas, os concorrentes não são derrotados ou os clientes não recebem um atendimento espetacular. Os Aceleradores são concebidos e direcionados para mobilizar e continuar mobilizando essa energia. Para dar aos integrantes da rede a chance de sentir a emoção de vencer, de experimentar a camaradagem entre os integrantes do grupo, formado por pessoas que eles normalmente jamais conheceriam e de promover o crescimento pessoal. Quando isso acontece, todos descobrirão que, de repente, a capacidade das pessoas de acomodar mais trabalho se expande enormemente.

O que devemos ter em mente é que os níveis de energia das pessoas não são um número de soma zero. Não é o caso de pensar que, se 20% da capacidade das pessoas forem alocados nas atividades da rede, elas só terão 80% sobrando para dedicar ao trabalho normal. As pessoas são capazes de expandir sua energia e *expertise* para 120% ou 150% dos níveis atuais e, em um bom sistema dual, é exatamente o que acontece. Pode ser difícil de acreditar, se nunca se viu algo assim acontecer. Mas a maioria de nós já viu isso, pelo menos no contexto da vida em geral. Pense no pai ou na mãe que não tem qualquer tempo livre, mas que de alguma forma arranja tempo, sem fugir dos outros compromissos, quando o filho precisa de ajuda para fazer a lição de casa. Ou no homem que está "exaurido" no fim de um dia de trabalho, mas que volta para casa para construir um bote no quintal, com uma energia que vem... de onde?

E um dos benefícios adicionais do envolvimento em uma rede aceleradora da estratégia é que as pessoas passam a valorizar e enxergar a distinção entre o que realmente faz a diferença para atingir o sucesso em um mundo turbulento e em rápida evolução e as atividades de baixo valor agregado remanescentes de práticas do passado. Elas podem usar esse conhecimento para rever as prioridades no seu trabalho do dia a dia e abandonar atividades irrelevantes – que podem até consumir muito tempo –, liberando tempo e energia para realizar o que realmente importa.

PERGUNTA: **Como poderemos impedir voluntários empolgados de se esquivar de suas responsabilidades do dia a dia?**

RESPOSTA: Uma hierarquia bem gerida não permite isso. Todo o sistema hierárquico, métricas, avaliações de desempenho e prestação de contas é desenvolvido para identificar e corrigir qualquer negligência.

Além disso, em um bom sistema dual, as pessoas que trabalham dos dois lados sabem que não é aceitável negligenciar o trabalho realizado do lado esquerdo e que tudo bem se elas precisarem descontinuar uma iniciativa requerida do lado direito, por um tempo, para apagar incêndios do lado esquerdo. Uma vantagem de redes rápidas e ágeis é que, quando alguém interrompe o trabalho demandado pelo lado direito, outros se apresentam imediatamente para preencher a lacuna. Ninguém vai precisar gastar tempo divulgando uma vaga de emprego, entrevistando candidatos, selecionando, negociando salários ou qualquer outra coisa. Nesse sentido, o lado da rede de um sistema dual é muito mais parecido com uma brigada de incêndio, com os bombeiros um ao lado do outro passando baldes de água de um poço até o incêndio, do que com a substituição de um colaborador em uma empresa tradicional ou órgão do governo. Uma pessoa sai e a rede de voluntários se ajusta rapidamente.

PERGUNTA: **Como podemos ter certeza de que os voluntários manterão o foco em questões estrategicamente importantes e não em projetos de baixa prioridade só porque são os projetos "queridinhos" de alguém?**

RESPOSTA: Ao construir um sistema dual, o processo todo se centra em uma oportunidade autêntica e, ao mesmo tempo, razoável, alinhada com uma estratégia corporativa concreta que empolga as pessoas. Uma declaração de Grande Oportunidade bem elaborada proporciona "barreiras de segurança" para assegurar que o trabalho requerido do lado direito seja realizado e manterá fora muitos projetos do tipo "menina dos olhos".

Além disso, como a rede do lado direito não é hierárquica, se alguém tentar lançar uma subiniciativa que não seja estrategicamente relevante, os outros vão apontar o problema (normalmente porque não têm medo de os superiores reagirem mal se elas se manifestarem, já que não existe subordinação no lado direito).

E, em um bom sistema dual, a visão de mudança e as iniciativas estratégicas levadas a cabo do lado direito são alinhadas com uma declaração de Grande Oportunidade e recebem a bênção tanto do grupo norteador quanto do comitê executivo, que atuam como barreiras de segurança adicionais.

PERGUNTA: **Como manter os dois lados unidos? E, ainda mais importante, como manter as ações dos dois lados bem alinhadas?**

RESPOSTA: É sempre interessante educar as pessoas. Digam a elas o que sabemos hoje sobre os sistemas duais e quais são os papéis da alta gestão e do grupo norteador. É de grande ajuda o fato de as pessoas da rede terem funções na hierarquia. E a comunicação contínua e engajada é fundamental, entre o grupo norteador e o comitê executivo, bem como entre os voluntários, quando voltam a seu trabalho normal no lado esquerdo, e os demais colegas de trabalho.

Em termos de coordenação, verificamos que a regra prática mais importante é a seguinte: antes de dar início a uma nova atividade, certifique-se de que o trabalho no qual você pretende se focar já não está sendo bem realizado no lado esquerdo.

Uma dificuldade se evidencia quando as iniciativas elegidas já estão sendo realizadas no lado esquerdo, mas mal executadas, e as pessoas envolvidas não enxergam o problema e não querem ajuda para resolver algo que não consideram um problema. Isso pode acontecer em qualquer área: um projeto que está analisando a avaliação de desempenho ou um sistema de bônus da empresa, um programa para lançar uma campanha de comunicação sobre um novo produto, uma força-tarefa dedicada a avaliar a próxima geração de equipamentos pesados utilizados em uma fábrica. Em um bom sistema dual, o pessoal do lado direito sabe que tentar apontar as abordagens deficientes que ocorrem do lado esquerdo só levará a conflitos, perda de tempo e tensões. Também aqui, é nesse ponto que os processos certos entram em ação. O lado direito vê o problema como apenas mais uma barreira a uma mudança necessária – uma parte normal da vida de todas as organizações – e um dos Aceleradores mobiliza e canaliza a criatividade, a paixão e a energia do lado direito para encontrar um jeito prático de derrubar o obstáculo.

PERGUNTA: **A rede, do lado direito, deve se encarregar de todas as iniciativas estratégicas?**

RESPOSTA: Não. Vejamos uma regra geral para decidir quem faz o quê: todos os processos e atividades que não requerem mudanças ou que envolvem fazer o que já sabemos fazer ficam no lado esquerdo. Assim, quaisquer mudanças estratégicas que sejam absolutamente claras – quando sabemos exatamente para onde precisamos ir (do ponto A ao ponto B) e a distância não é grande; quando não encontramos alguma resistência enorme das pessoas; quando a inovação não é um grande problema; quando sabemos como atingir a meta no prazo para nos beneficiar da janela de oportunidade – normalmente vão para o lado esquerdo. Áreas como planejamento estratégico, gerenciamento de projetos, grupos de trabalho tradicionais, departamentos de gestão de mudanças e assim por diante poderão se encarregar dessas atividades.

Porém, as iniciativas de alto risco que provavelmente envolverão uma série de mudanças, nas quais a velocidade é importante, que envolvem incertezas ou que requerem inovação e agilidade, ficam sob a responsabilidade do lado direito. Em um mundo cada vez mais dinâmico, o número de iniciativas como essas aumenta o tempo todo.

Outra maneira de pensar a respeito é: qualquer atividade estratégica, inovadora ou relacionada a mudanças que sabidamente pode ser concluída com eficácia, a tempo e a um custo aceitável dentro de uma estrutura hierárquica focada na gestão normalmente permanece nessa estrutura. Assim, se considerarmos a atividade, realizada a cada quatro anos, de analisar alguma parte do pacote de benefícios dos colaboradores, diante de um nível baixo de reclamações sobre o pacote e sem que qualquer nova legislação trabalhista venha contribuir com problemas ou oportunidades adicionais, então o projeto deve ficar sob a responsabilidade do lado esquerdo da organização.

Em geral, se o lado esquerdo conseguir dar conta do recado, mas for muito interessante agregar mais velocidade, menos custo ou mais criatividade ao processo, o lado direito pode ajudar com seus voluntários. Se, por exemplo, em virtude de uma nova legislação, o projeto de análise de pacotes de benefícios de repente precisar ser concluído em três meses, em vez de seis, o lado direito pode ser envolvido para ajudar o lado esquerdo a acelerar a atividade.

Se, para todos os fins práticos, o lado esquerdo não puder se encarregar do trabalho – podendo nem perceber a necessidade da ação e muito menos ser capaz de concluí-la antes que a janela de oportunidade se feche na cara da empresa ou a verba disponível vire pó –, a iniciativa vai para o lado direito.

PERGUNTA: **Que tipo de orçamento o lado direito da rede requer e quem o define?**

RESPOSTA: O lado direito de uma organização não tem um orçamento propriamente dito. Todos os recursos financeiros são controlados pela hierarquia focada na gestão, porque é ela que deve prestar contas, ao conselho de administração, do resultado financeiro. Cabe ao grupo norteador e a todos os voluntários encontrar recursos, quando necessário, e convencer as pessoas do lado esquerdo a alocar verbas para iniciativas específicas. Uma iniciativa do lado direito que não consegue encontrar recursos no lado esquerdo – mesmo com repetidas argumentações do pessoal energizado da rede, mesmo com os integrantes do grupo norteador e outros voluntários usando toda sua criatividade e recorrendo a patrocinadores diferentes, adotando abordagens distintas e em momentos diferentes – quase sempre é uma ideia ruim, uma solução imperfeita para um problema ou uma solução para a qual na verdade não existe qualquer problema ou oportunidade. Portanto, essa ideia não deve ser levada a cabo, pelo bem da organização.

Na prática, essa regra funciona muito bem porque o lado direito é sempre uma organização do tipo "me convença" e "me lidere" e não uma organização do tipo "faça o que eu digo" ou "me administre". O fato de uma rede aceleradora não ter um orçamento propriamente dito e ser obrigada a depender do lado esquerdo também tem o benefício prático de ser mais uma maneira de manter os dois lados conectados, funcionando como um único sistema, não como dois sistemas independentes.

PERGUNTA: **Como podemos impedir as pessoas de fazer o que elas sabem fazer, retrocedendo a comportamentos hierárquicos, quando estiverem atuando no lado direito da rede?**

RESPOSTA: Chamamos isso de "o problema do *default*", no sentido de "escolha por omissão".

Mais especificamente, o problema do *default* ocorre quando as pessoas, em geral sob estresse, retrocedem para o que conhecem bem: processos, princípios, métodos e técnicas vigentes do lado esquerdo. E isso pode acontecer em um piscar de olhos.

Assim, em vez de sempre recorrer aos voluntários para ajudar na criação de um sentido de urgência entre os muitos colaboradores, em torno de uma grande oportunidade estratégica, ou permitir que voluntários entusiasmados trabalhem nas iniciativas estratégicas, às vezes veremos líderes passando subitamente a nomear pessoas – muitas vezes já bastante ocupadas e, em geral, "com os conjuntos certos de habilidades" – para fazer o trabalho. Em vez de ter grupos do lado direito trabalhando no que têm mais energia e entusiasmo para fazer, de repente eles passam a se focar no que acham que deveriam se focar. Em vez de ter um grupo norteador se organizando no centro de uma rede, ele começa a se transformar em uma hierarquia. Uma equipe encarregada de uma iniciativa começa a ser gerenciada como se fosse um projeto. As atividades de comunicação são redirecionadas para seu "lar" natural e de direito (ou pelo menos vocês acham que é o caso): o departamento de comunicação. Os líderes param de pensar em termos de muitos agentes de mudança e começam a envolver cada vez menos pessoas. O lado direito encolhe e se transforma em algo como um mero mecanismo de geração de ideias (na melhor das hipóteses, eles "pensam fora da caixa"), em vez de atuar como um sistema gerador e implementador de ideias ("trabalhando fora da caixa"). As vitórias – tão essenciais para ajudar uma rede a ganhar confiança, criar credibilidade e crescer – são ignoradas, a menos que se encaixem no sistema de mensuração da hierarquia. E tudo isso pode acontecer em um piscar de olhos, até no meio de uma reunião.

A melhor solução para o problema do *default* é a vigilância. Todas as pessoas envolvidas – todos os voluntários, sem exceção – devem se manter alertas em busca de *defaults*. A liderança sênior deve procurar *defaults*. Quando o problema do *default* for identificado, as pessoas devem dar o alerta e ajudar a reconduzir a ação na direção certa.

PERGUNTA: **Qual é a maior dificuldade de criar um sistema dual?**

RESPOSTA: A maior dificuldade é começar. E começar já no caminho certo. E o caminho certo é o que vimos nos dois capítulos anteriores.

nove

O FUTURO (INEVITÁVEL) DA ESTRATÉGIA

Costuma ser perigoso tentar prever o futuro. Mas, se analisarmos dados suficientes, é possível identificar tendências que apontam para uma direção bastante clara.

MUDANÇA EXPONENCIAL

Volte para dar uma olhada nos gráficos do início do Capítulo 1. Eles mostram não só uma maior mudança em várias arenas, como também uma tendência exponencial no crescimento do volume de mudanças. Estamos enfrentando um número crescente de mudanças em uma velocidade cada vez maior. É possível, logicamente, argumentar que as linhas de tendência desses gráficos mais cedo ou mais tarde se estabilizarão ou, em breve, se inclinarão para baixo. Mas o argumento de que um achatamento ou tendência de queda continuará por um bom tempo, antes de os números voltarem a subir, não é muito convincente.

Na verdade, é muito difícil analisar os dados e as evidências práticas e chegar a outra conclusão que não seja a de que nosso mundo continuará a modificar-se aceleradamente, muito possivelmente em uma velocidade ainda maior. Se isso for verdade, é muito custoso acreditar que a organização do século 20 – mesmo que seja uma máquina incrível – conseguirá lidar com um mundo que evolui com uma rapidez e imprevisibilidade muito maiores. Se não adotarmos um novo modo de agir, as consequências serão graves – para empresas, governos, economias, sociedades e, em última análise, para os muitos bilhões de pessoas que vivem em nosso planeta.

Ao mesmo tempo, se pudermos implementar com sucesso uma nova forma de operar organizações que não só sejam capazes de lidar com este novo ambiente mas consigam também se beneficiar dele, as possibilidades de oferecer melhores produtos e serviços, ampliar a riqueza e criar mais e melhores empregos podem ser difíceis de imaginar. É bem verdade que um mundo em constante mudança traz consigo consequências negativas potencialmente graves. Mas também vem acompanhado de enormes vantagens potenciais.

A EVOLUÇÃO DA ESTRATÉGIA

Uma importante implicação do sistema operacional dual descrito neste livro, e do contexto no qual ele foi concebido para reagir, é que precisamos de um conceito completamente novo de "estratégia".

"Estratégia" é um termo usado livremente para denotar políticas concebidas pela alta gestão para ajudar a organização a atingir seus objetivos mais importantes ou, em um contexto competitivo, para ajudá-la a vencer. Como um conceito moderno relevante para as organizações, a noção de estratégia é relativamente nova. Quando comecei minha carreira, ninguém usava esse termo na Harvard Business School e "estratégia" estava longe de ser incluída como uma disciplina em cursos de MBA de lá (ou em qualquer outro curso de gestão). Os executivos não falavam em "planejamento estratégico" nem em "pensamento estratégico". Naturalmente, todas as organizações maduras efetivamente tinham estratégias, muitas vezes desenvolvidas anos antes, quando ainda eram jovens. Mas as estratégias eram implícitas. Elas simplesmente eram vistas como algo natural, referências que configuravam e restringiam o contexto no qual as empresas definiam seu planejamento operacional anual.

Então, entre 1965 e 1975, isso tudo mudou, à medida que a natureza da concorrência começou a evoluir.

Entre as empresas, isso aconteceu em grande parte devido à atuação das companhias japonesas, cujas exportações de automóveis e produtos eletrônicos de consumo desestabilizaram a concorrência relativamente estável no mundo desenvolvido, especialmente nos Estados Unidos. De repente, a maior disponibilidade de capacidade computacional permitiu às empresas coletar e analisar dados sobre custos e participação de mercado e, pela primeira vez, lhes deu uma visão mais clara de sua verdadeira situação competitiva, seus ativos e suas vulnerabilidades.

A competição econômica entre nações começou a mudar, especialmente em função dos países da OPEP (Organização dos Países Exportadores de Petróleo). Praticamente de um dia para o outro, alguns países exportadores de petróleo se viram com uma considerável alavancagem competitiva, em relação a outros países.

Em um mundo paralelo, a mentalidade sobre a concorrência passou por uma pequena revolução. Na década de

1960, o historiador de negócios Alfred Chandler, que então lecionava na Sloan School of Management do MIT, escreveu um influente livro intitulado *Strategy and Structure.* Bruce Henderson abriu a primeira consultoria moderna de estratégia, que viria a se transformar no Boston Consulting Group. Nos anos 1970, Michael Porter criou um curso em Harvard chamado "Estratégia Competitiva" e publicou um livro com o mesmo título.

Na década de 1980, orientados em parte pela liderança intelectual de Porter e Henderson e seus seguidores, departamentos de "planejamento estratégico" já estavam sendo criados em um número cada vez maior de empresas. Os resultados, em termos de eficácia, variaram enormemente. Mas, em alguns casos, esse aspecto completamente novo da gestão levou a um sucesso estrondoso. A decisão estratégica de Jack Welch, de que a General Electric só teria operações em mercados nos quais ela pudesse ocupar o primeiro ou, na pior das hipóteses, o segundo lugar, ajudou a transformar a GE e levou a um desempenho econômico imensamente melhor. Outros líderes de negócios partiram em busca de boas ideias estratégicas e se ocuparam de desenvolver suas próprias ideias.

A indústria de consultoria estratégica cresceu de zero a dezenas de bilhões de dólares em faturamento anual. Tanto Bruce Henderson quanto seu seguidor intelectual, Bill Bain, desenvolveram consultorias globais de enorme sucesso que nem sequer existiam em 1960. A McKinsey, a grande dama da consultoria de gestão, demorou um pouco para deslanchar, mas entrou forte no jogo. Ela devia ter menos de cem colaboradores em 1950; hoje, conta com dezenas de milhares.

A sofisticação estratégica de uma empresa típica de hoje em dia é muito superior à que havia em 1970. Nos dias de hoje, é difícil encontrar uma empresa que não fale em termos de estratégia. Cada vez mais, o mesmo pode ser dito de organizações sem fins lucrativos, órgãos públicos e até universidades.

Hoje em dia, acredita-se que a estratégia tem dois componentes básicos: criação e implementação. O primeiro é tratado implicitamente como sendo muito mais importante. O processo é linear: criar a estratégia e depois implementá-la. Normalmente, as empresas fazem o planejamento estratégico uma vez por ano, como parte do planejamento operacional. Os métodos de "melhores práticas" utilizados para fazer esse planejamento e implementar os planos são uma variação do que descrevi muito rapidamente no Capítulo 4 e que elaborarei no Apêndice A. Os métodos se encaixam à perfeição em uma hierarquia focada na gestão. Os principais tomadores de decisões estratégicas e que orientam a implementação sempre se posicionam no topo da hierarquia.

Com o mundo modificando-se com uma aceleração cada vez maior e um número crescente de empresas criando sistemas operacionais duais, é difícil acreditar que esse padrão vigente até agora não seja forçado a mudar consideravelmente. A estratégia deixará de operar apenas em ciclos anuais, simplesmente porque as oportunidades e os riscos não os seguem mais. Os limites entre a criação e a implementação começarão a ficar cada vez menos claros, à medida que novos dados forem descobertos durante a implementação, o que imediatamente exigirá uma nova criação.

Isso já está acontecendo. Hoje em dia, a estratégia está sendo vista, em algumas organizações, como uma força mais dinâmica – e menos como uma força orientada por um departamento de planejamento estratégico e incluída em um ciclo de planejamento anual. É uma força que se mantém constantemente em busca de oportunidades, identifica iniciativas para capitalizá-las e executá-las com agilidade e eficiência. Penso nessa força como um processo contínuo de pesquisas, ações, aprendizagem e ajustes. Entre as organizações maduras, essa força pode ser vista com mais frequência no sistema dual descrito neste livro. Os processos aceleradores que orientam e impulsionam a rede exercem uma função de mudança estratégica contínua, holística e inovadora, que nunca para e que, portanto, aumenta a velocidade da organização e intensifica sua agilidade. Isso resulta em uma espécie de "*fitness*" estratégico para a organização. Em outras palavras, quanto mais a organização exercita suas habilidades estratégicas, mais condições ela tem de enfrentar um ambiente hipercompetitivo e mais essas habilidades são incorporadas ao seu DNA, ou à cultura da organização.

A análise de dados continuará sendo importante, mas, em um mundo turbulento e em rápidas mudanças, os dados numéricos se tornarão mais fluidos e incertos. Um número cada vez maior de olhos, ouvidos e corações precisará entrar no jogo da estratégia, não só um grupo restrito de gestores seniores. E é isso que um sistema dual pode fazer.

Acredito que possa ser difícil para as pessoas que passaram toda sua vida profissional em organizações maduras imaginar uma mudança radical no modo como pensamos as questões estratégicas e lidamos com a estratégia. Isso será muito mais fácil para os pioneiros de sucesso e os jovens.

O SISTEMA DUAL... E VOCÊ

Ainda há muito a ser resolvido, em termos de como essa nova forma de organização e esse novo conceito de estratégia funcionarão. Mas alguns pioneiros, como os descritos neste livro, já demonstraram que essas abordagens funcionam no mundo real. Os sistemas duais, capazes de lidar com a estratégia de uma forma muito diferente da tradicional, estão ajudando as pessoas a prosperar e vencer.

Com todos os desafios que enfrentamos, é fácil ser pessimista em relação à época em que vivemos e trabalhamos e em relação ao futuro. Não adoto essa postura aqui. Acredito que o cenário otimista tem um peso muito maior. Sei que algumas pessoas muito capazes e inteligentes discordariam de mim. Mas, ao escrever estas linhas, me sinto absolutamente seguro dessa minha opinião.

Então, vamos seguir em frente com o trabalho!

apêndice A

SUAS "MELHORES PRÁTICAS" PODERÃO SALVÁ-LO? – UMA AVALIAÇÃO

No Capítulo 4, expliquei como organizações do mundo todo, para enfrentar um mundo que se transoforma cada vez mais rápido e com tamanha turbulência, usam alguma combinação de três abordagens de "melhores práticas" para aprimorar a capacidade de sistemas que não foram concebidos para atingir tal velocidade e agilidade. A questão aqui é: qual(is) dos métodos a seguir vocês usam e, fazendo uma avaliação racional com base nas informações apresentadas neste apêndice, até que ponto essas abordagens estão funcionando para vocês hoje e vão funcionar no futuro?

ABORDAGEM 1: EXPANDIR O PLANEJAMENTO OPERACIONAL E A EXECUÇÃO PARA INCLUIR COMPONENTES ESTRATÉGICOS

Nessa primeira opção, a empresa inclui o planejamento estratégico a seu processo de planejamento operacional anual na tentativa de se adiantar na identificação dos desafios estratégicos e criar novas iniciativas estratégicas com mais rapidez. Depois, a empresa também executa quaisquer iniciativas para as quais receberam fundos da hierarquia, assim como realizam um plano trimestral.

Grupos funcionais, unidades de área ou divisões de produtos também coletam e analisam dados quantitativos. Eles podem até elaborar estudos de viabilidade, para quaisquer novas iniciativas estratégicas, que expliquem e justifiquem os recursos necessários para realizar o trabalho. Os estudos são submetidos ao comitê executivo, que os analisa como parte de seu processo de planejamento anual normal e aprova ou não as decisões estratégicas, as iniciativas estratégicas e os pedidos de financiamento.

Quaisquer novas iniciativas aprovadas, juntamente com seus orçamentos, são então executadas pela hierarquia, do mesmo modo que qualquer plano operacional e seu respectivo orçamento são implementados. Assim, o departamento de marketing, a divisão europeia ou a divisão de produtos de consumo simplesmente expande os planos para incluir tanto as atividades operacionais normais quanto essas novas atividades estratégicas. Os orçamentos mensais refletirão essa expansão. A pauta das reuniões periódicas da gestão refletirá essa expansão. Novas métricas podem ser acrescentadas para monitorar as partes estratégicas do plano, mas não passarão de uma extensão dos sistemas de mensuração normais, sem promover qualquer transformação. Além dos pacotes de remuneração tradicionais, novos incentivos podem ser adicionados para motivar as pessoas a atingir as metas das partes estratégicas do plano. Mas o sistema de remuneração não passará por qualquer mudança fundamental. Para todos os fins práticos, nada muda, exceto que aquilo que é administrado se expande para incluir prazos, ou quadros temporais, mais longos. As iniciativas podem não render qualquer benefício econômico neste trimestre ou até neste ano. Na verdade, o que costuma acontecer é o contrário, já que as iniciativas podem consumir recursos financeiros, reduzindo os lucros trimestrais reportados.

Em consequência, esse método pode até funcionar bem em alguns casos. Recursos precisam ser disponibilizados para investir em iniciativas que não tenham um retorno imediato. Quando as mudanças externas, as incertezas e as pressões competitivas não são tão grandes, a nova estratégia ou as novas iniciativas não precisam ser grandiosas nem muito diferentes do que já se faz e a metodologia existente pode dar conta da situação. No caso de iniciativas estratégicas de escopo menor, a resistência a essas mudanças raramente é expressiva. Também nesse caso, a Abordagem 1 pode lidar com a situação. Se problemas surgirem, um CEO forte pode simplesmente aumentar a pressão para forçar a execução das partes estratégica e operacional de um plano. Às vezes, só esse compromisso adicional e uma maior pressão do topo já bastam para levar ao sucesso esse método.

Basicamente, a hierarquia e os sistemas gerenciais forçam a mudança, e a abordagem funciona quando as transformações não são grandes. Ocasionalmente, o diretor da área ou unidade e o departamento de comunicação podem precisar usar canais e métodos normais de comunicação para transmitir em cascata uma mensagem especial, que desce pela hierarquia para conquistar o apoio dos colaboradores e reduzir a resistência. Mas a palavra-chave aqui é "normal". Essa abordagem não requer que seja feita qualquer mudança fundamental, exceto estender os prazos do planejamento e da execução.

Cada vez mais, contudo, esse método já não está levando ao sucesso. Os sistemas hierárquicos focados na gestão foram projetados tendo em vista a eficiência, a confiabilidade e a constância. Com uma estrutura robusta e pessoas competentes, o sistema pode ser espetacular, realizando o trabalho a um custo mínimo e com a qualidade esperada, e fazendo as duas coisas todo santo dia, semana após semana, mês após mês. É bem verdade que os processos podem ser um pouco estendidos para incluir iniciativas que alterariam ligeiramente a natureza do trabalho realizado. Depois de um tempo, contudo, quatro problemas são inevitáveis.

Em primeiro lugar, o sistema hierárquico focado na gestão foi projetado para se concentrar no *agora*. Algumas pessoas já vêm criticando esse fato há cerca de trinta anos. O sistema tem uma enorme tendência de se focar no curto prazo: o dia, a semana, o trimestre. É possível incluir, em seus processos de planejamento e controle, iniciativas com horizontes de tempo mais longos, mas, quando o sistema é pressionado, ele automaticamente reverte ao seu *design* de curto prazo.

Todos nós já vimos isso acontecer. A pauta da reunião do comitê executivo pode alocar meia hora para questões operacionais e meia hora para questões estratégicas. Mas, quando surgem problemas – o que inevitavelmente acontece, ainda mais em mundo cada vez mais rápido e imprevisível –, o que acaba sendo priorizado nas reuniões? Os gestores têm sido muito criticados nas últimas décadas por deixar a pauta 30-30 cair para 55-5. Mas o que os críticos em geral esquecem é que o problema é inerente ao sistema e não tem nada a ver com gestores míopes ou incompetentes.

Em segundo lugar, uma estrutura bem concebida inclui o que chamamos pejorativamente de "silos" por uma razão: criar *expertise* e uma atenção focada a fim de reduzir custos e aumentar a confiabilidade e a eficiência do trabalho. O objetivo é minimizar, por exemplo, o custo e o tempo necessários para transmitir um comunicado importante, agrupando elos de comunicação cruciais dentro de silos. No entanto, quando começamos a acrescentar iniciativas estratégicas que tentam modificar o trabalho para satisfazer novas demandas, toda a mudança necessária muito raramente se limitará a apenas um silo ou subsilo. As organizações estão repletas de interdependências, como no caso em que alterações no desenvolvimento de um novo produto requerem um novo processo de lançamento do produto, que por sua vez exige mudanças no marketing e nas vendas. Desse modo, a necessidade de uma maior comunicação entre os silos é inevitável. E, em uma hierarquia, se o volume de mudanças exceder determinado nível – relativamente baixo, por sinal –, essa comunicação não é feita com eficácia.

Além disso, todas as novas modalidades de trabalho podem exigir a transferência de recursos de um silo ou subsilo a outro. O ser humano em geral não gosta de abrir mão de recursos e oportunidades de promoção. O resultado é que as pessoas resistem. A resistência, por sua vez, retarda a ação e aumenta os custos.

Em terceiro lugar, como se sabe, todas as hierarquias têm níveis, também nesse caso para assegurar a eficiência e a confiabilidade. Pessoas que ocupam cargos bastante restritos e especializados, na base da pirâmide hierárquica, podem dominar a realização de seu trabalho sem erros e sem a necessidade de altos salários. Em um mundo que não muda muito, as pessoas do topo têm todas as informações de que precisam para tomar boas decisões estratégicas e as pessoas da base têm todas as informações de que necessitam para concretizar essas decisões. No entanto, em um cenário caracterizado por uma velocidade maior e mais incertezas, nenhum desses dois grupos recebe automaticamente as informações de que precisa, de modo que um volume maior delas deve subir e descer pela hierarquia com mais frequência, sem contar que elas também precisam ser válidas, o que não acontece com facilidade. As informações fluem lentamente para cima e para baixo, entre os níveis da hierarquia, e todo tipo de fatores distorce a validade delas.

Em quarto lugar, as chances de montar um plano estratégico capaz de fazer projeções para dois anos, quanto mais para cinco anos ou mais, diminuem à medida que o mundo acelera sua rotação e torna-se mais imprevisível. Dessa forma, os planos, que já são difíceis de executar, agora também deixam de ser tão bons. No entanto, com um ciclo de planejamento de um ano, a capacidade da organização de alterar os planos à medida que a realidade muda fica bastante limitada. A organização já não tem a agilidade e a velocidade necessárias. Janelas de oportunidade abrem e fecham antes de serem identificadas pela organização e muito menos alavancadas. Torpedos atingem o navio antes de ser possível acelerá-lo para sair do caminho. E lutar contra todas essas dificuldades pode até prejudicar a capacidade de atingir as metas imediatas. Uma situação como essa está muito longe de ser uma garantia de sucesso.

Vi dezenas e dezenas de casos com esse tipo de problema na última década. Em grande parte, o resultado final não é desastroso: quando as pessoas percebem que seus métodos não estão funcionando, elas simplesmente procuram novas soluções e adotam uma ou as duas abordagens que descreverei a seguir. Mas a organização sempre acaba pagando algum preço. A posição de uma empresa de produtos de consumo no mercado cai do segundo ao terceiro lugar. Um fornecedor militar perde um grande contrato e a receita para de crescer. Uma função de produção não consegue se reinventar com a rapidez suficiente para melhorar a produtividade, e os lucros da empresa despencam, mesmo quando o faturamento continua a subir.

ABORDAGEM 2: EXPANDIR O SISTEMA BÁSICO COM NOVAS UNIDADES (PERMANENTES OU TEMPORÁRIAS), PESSOAS E RELAÇÕES DE SUBORDINAÇÃO

A próxima solução que as organizações costumam utilizar, para se manter competitivas em um mundo de mudanças cada vez mais rápidas, é expandir a hierarquia incluindo novas unidades, pessoas e relacionamentos, geralmente acrescentados um de cada vez.

Nesse caso, é preciso lidar com a enorme tendência de se concentrar nas demandas imediatas criando unidades sem responsabilidades operacionais básicas, como departamentos de planejamento estratégico, consultorias de estratégia, grupos de gerenciamento de projetos dedicados às iniciativas estratégicas. Novas unidades são acrescentadas com o objetivo de se concentrar especificamente nas modificações, como um grupo de gestão de mudanças. Especialistas são recrutados para trabalhar nessas unidades, assim como pessoas do grupo de planejamento estratégico ou consultores de estratégia que tenham as habilidades analíticas necessárias para lidar com contextos mais incertos. São montadas forças-tarefa, fluxos de trabalho e equipes especializadas com pessoas de vários silos para tentar lidar com os problemas de comunicação e coordenação entre os silos.

Essa solução também pode ajudar... até certo ponto. A agilidade e a velocidade aumentam. Mas, depois de um tempo, surgem os mesmos quatro problemas encontrados na primeira abordagem: o foco volta para o curto prazo; surgem problemas de comunicação e coordenação entre silos (agora multiplicados porque, com as novas unidades, são criados novos silos de curto e de longo prazos); aparecem as limitações inerentes à falta de rapidez e precisão com que as informações fluem para cima e para baixo nas hierarquias;

e surge a necessidade de lidar com incertezas demais, ao tentar desenvolver novas estratégias.

Um outro grande problema é acrescentado com essa abordagem: o custo. O novo pessoal requer fundos adicionais, o que pode dificultar (ou impossibilitar) atingir as metas econômicas imediatas exigidas pelos mercados de capitais. Daria para incluir o novo pessoal aos poucos, com o tempo, mas isso atrasaria tudo. E não estamos falando de um custo adicional desprezível: uma equipe maior tende a encontrar novas necessidades. O novo pessoal sempre vai conseguir encontrar motivos para justificar orçamentos maiores.

Às vezes, essa segunda abordagem também pode fracassar porque os executivos se veem recorrendo às mesmas pessoas, vez após vez, para liderar as forças-tarefa, patrocinar esses grupos especiais ou assumir novas funções. Até os maiores talentos, por mais carismáticos ou cheios de energia que sejam, também ficam esgotados. Então, qual é a melhor coisa a fazer? Expandir-se ainda mais contratando estrelas de fora (o que leva tempo e é dispendioso)? Reduzir o número de iniciativas (o que, se elas forem realmente necessárias, desacelerará a organização, que ainda por cima perderá oportunidades)? A situação pode parecer um ciclo vicioso.

Vejo isso acontecendo o tempo todo. Também nesse caso, os resultados em geral não são catastróficos, mas levam a um lento declínio. Os executivos podem se frustrar com a incapacidade da organização de reagir rapidamente às oportunidades e com as tentativas de resolver o problema que não obtiveram muito sucesso. E não faltam desculpas para justificar o fracasso. Nosso setor de atividade está cada vez mais regulamentado. É impossível acelerar mais, para aumentar nossa velocidade atual. A equipe encarregada de executar os planos impede constantemente o avanço. Tudo isso é frustrante, e talvez inevitável. Somos tão grandes que parecemos atolados na burocracia. É natural desacelerar. A resistência que estamos encontrando faz parte da natureza humana. Diante disso, o que se pode fazer?

Em geral, a lentidão e os problemas que a causam não são muito visíveis para o topo da hierarquia, o que pode levar a uma situação enganosa ou até perigosa. A nova equipe de administração do programa elabora relatórios regulares sobre o progresso da execução das iniciativas estratégicas e todos eles indicam que se está bem perto de cumprir os prazos. E os relatórios continuam nessa linha, até alguma coisa implodir. Um grande cliente os abandona porque um concorrente lançou a nova geração de sua principal linha de produtos antes do previsto e muito antes da execução do desenvolvimento de novos produtos e da estratégia de vendas da sua organização. Ou tudo parece perfeito no papel, até que os próprios gestores do programa de repente são informados de que problemas levarão a grandes atrasos.

ABORDAGEM 3: USAR AQUISIÇÕES PARA ACELERAR A EMPRESA

A ideia dessa abordagem é a empresa não precisar se dar ao trabalho de desenvolver a geração seguinte de seus produtos ou serviços; não precisar se dar ao trabalho de obter uma forte fidelidade do cliente em seu segmento de mercado de crescimento acelerado; não precisar se dar ao trabalho de inovar aqui, ali e em toda parte; não desenvolver agilidade e velocidade... mas simplesmente abrir a carteira e comprar tudo isso pronto.

Nesse método, a organização normalmente recorre à ajuda de especialistas em fusões e aquisições, consultores estratégicos, ou ambos. Paga-se pela recomendação e pela aquisição. Essa abordagem costuma levar a uma série de pequenas aquisições que a empresa tenta consolidar e desenvolver. Em circunstâncias bastante específicas, o método pode ser eficaz. É necessário ter recursos para bancar as aquisições. Os profissionais das empresas adquiridas não devem se revoltar muito com o fato de estarem sendo compradas. As diferenças culturais entre sua organização e as empresas adquiridas ou que sofreram fusão não podem ser grandes demais. E, nas condições perfeitas, uma organização pode usar fusões e aquisições para acelerar seu desempenho e ter mais sucesso, pelo menos por um tempo.

Cada vez mais, contudo, essa abordagem resulta em mais problemas do que soluções. Em um mundo cada vez mais rápido e nebuloso, os especialistas em fusões e aquisições e os consultores estratégicos não estão necessariamente equipados para escolher os melhores candidatos à aquisição. As aquisições podem, naturalmente, ser dispendiosas. Os profissionais que produzem ou vendem os produtos ou serviços atuais da sua organização podem não gostar de abandonar o que sabem fazer e se dedicar à próxima geração de produtos ou serviços inventada por alguma outra empresa. A transferência da fidelidade do cliente, em segmentos de alto crescimento, da empresa adquirida à empresa adquirente quase sempre acaba sendo uma tarefa complexa (e lidar com as complexidades requer tempo). E as empresas adquirentes que são grandes hierarquias focadas na gestão têm uma capacidade incrível de destruir os belos brinquedos que elas acabaram de gastar uma fortuna para comprar.

Quase ninguém parece conhecer o verdadeiro índice de sucesso desses tipos de aquisições. Quem fracassa não tem incentivo algum para divulgar os fatos. O mundo das fusões e aquisições inclui algumas pessoas espertas que têm um enorme interesse em nos convencer de que suas aquisições foram um sucesso. Em geral, os estudos conduzidos por terceiros neutros, normalmente acadêmicos, para investigar essa abordagem mostram resultados decepcionantes. As negociações de aquisição desmoronam por todo tipo de razão. Os alvos da aquisição resistem. A transação acaba acontecendo, mas o adquirente é forçado a pagar caro demais. A transação é um sucesso, mas nunca se consegue integrar as duas culturas a ponto de executar a estratégia de negócios planejada. Ou as empresas recém-adquiridas batalham ferozmente para manter a autonomia e toda a luta desvia a atenção das metas imediatas e dos desafios estratégicos de longo prazo.

O problema fundamental aqui, como é o caso das outras opções descritas neste apêndice, é o mesmo: todas essas abordagens são oriundas do âmbito de um sistema único, de uma hierarquia focada na gestão. Todas essas melhores práticas alteram ou acrescentam pequenos ou grandes elementos à hierarquia. Se bem executadas, todas podem agregar alguma agilidade ou velocidade. No entanto, no fim das contas, sua organização continua sendo concebida para obter eficiência, confiabilidade e uniformidade e está muito longe de ter sido projetada para buscar a inovação, a criação e a execução de uma estratégia ousada e, acima de tudo, agilidade e velocidade. Aquisições, comitês de estratégia, forças-tarefa megainterdepartamentais e novas métricas com foco nas partes estratégicas do plano são como novos enfeites, bolinhas, estrelas ou luzes piscantes ornamentando uma árvore de Natal. A árvore até pode ficar mais bonita com cada novo e às vezes caro adereço. E alguns adereços são mais chamativos que outros. Mas, no fim, tudo que se tem é só uma árvore de Natal, que está longe de ser uma criação feita para correr dentro da sala de estar.

As organizações de sucesso tentarão se aventurar por caminhos diferentes, o que é mais raro. Às vezes, uma empresa reagirá a deficiências do "método dos ornamentos" fazendo furiosamente cada vez mais do mesmo – criando um programa de qualidade, fazendo uma *joint venture*, uma fusão completa – até acabar com exatamente o contrário do resultado pretendido. A entidade fica mais inchada e perde agilidade. Tudo desacelera ainda mais. A energia é exaurida do sistema à medida que a fadiga da mudança se espalha por toda parte. Os custos dos ornamentos acabam com os lucros trimestrais ou estouram orçamentos.

Então... esse cenário lhe parece conhecido? Será que sua organização não está recorrendo a uma ou mais dessas abordagens? Se for o caso, e as abordagens podem estar funcionando até o momento, mas por quanto tempo mais vocês acham que elas surtirão efeito? Será que suas "melhores práticas" vão mesmo salvar sua organização?

apêndice B

É PRECISO TOMAR UMA ATITUDE AGORA? – UMA AVALIAÇÃO

Uma pergunta simples, porém de fundamental importância, é: sua empresa precisa desenvolver um sistema operacional dual plenamente funcional agora? Não no ano que vem ou em algum momento no futuro, mas agora?

Considerando os riscos envolvidos, será que a linha que determina o ponto no qual os métodos tradicionais já não podem garantir a capacidade de desenvolver e implementar novas estratégias e iniciativas estratégicas de maneiras inovadoras, ágeis e rápidas o suficiente para acompanhar ou ultrapassar os concorrentes já não foi cruzada?

Essa linha pode ser vaga, mas é possível fazer uma avaliação, embasada em fatos para saber em que ponto se está, respondendo a uma série de perguntas. É impossível responder essas perguntas com precisão. Mas esse não é o maior problema, no caso. O problema é que, com muita frequência, por todo tipo de razões associadas à própria natureza das hierarquias focadas na gestão, as perguntas certas raramente chegam a ser feitas. Além disso, as pessoas presumem que sabem as respostas e deixam de fazer uma boa coleta e análise de informações. Muito pouco tempo é explicitamente alocado a uma conversa séria sobre essas questões.

A MAGNITUDE DAS MUDANÇAS EXTERNAS RELEVANTES

A questão mais básica aqui é: quais desafios estratégicos vocês estão enfrentando porque o ambiente está mudando, está prestes a mudar, acabou de mudar ou está mudando com mais rapidez e de uma maneira que promete afetar consideravelmente o negócio? Isso poderia incluir mudanças relacionadas a concorrentes, tecnologia, fornecedores, clientes, exigências do governo, fatores demográficos da sua força de trabalho, ciclos de vida de produtos e assim por diante.

Mais especificamente: em virtude do que está acontecendo no mercado, é preciso melhorar significativamente as competências da sua organização para continuar crescendo de maneira rentável?

Os concorrentes tradicionais estão fazendo manobras ousadas que estão colocando sua organização em risco? Os novos concorrentes da Índia ou da China, por exemplo, estão se preparando para conquistar uma grande e importante parte de seu negócio?

Já se passou um bom tempo desde que sua organização fez a última mudança expressiva, de modo que a diferença entre o que o ambiente está exigindo de vocês e o que vocês são capazes de fazer pode aumentar a ponto de vocês precisarem acelerar seu desempenho o mais rápido possível?

Alguma coisa acabou de mudar, abrindo uma nova e grande janela de oportunidade para conquistar novos clientes, aumentar a capitalização de mercado, crescer de forma rentável ou oferecer produtos revolucionários?

Essas perguntas estão longe de ser enigmáticas, mas a própria natureza da administração de uma organização de sistema único em geral não permite que as pessoas tenham tempo para refletir o suficiente sobre elas. Praticamente todas as pessoas de uma hierarquia estão ocupadas demais com um número interminável de questões de pessoal, vendas, compras e financeiras que lotam as agendas dos gestores. Mesmo se as pessoas conseguirem parar para avaliar as novas oportunidades ou ameaças, o intenso foco interior dos processos de gestão e a dificuldade inerente de fazer as informações relevantes fluírem aos níveis hierárquicos superiores podem dificultar muito a tarefa. Pior ainda, os silos inerentes às hierarquias focadas na gestão oferecem respostas diferentes a essas questões, deixando os comitês executivos desalinhados.

OS RISCOS

Quais são os verdadeiros riscos resultantes da incapacidade de lidar bem com os desafios estratégicos da organização?

Se a participação de mercado cair, ou estiver caindo, será que isso pode levar ao tipo de consequências que vimos no caso do Capítulo 3? Seria possível cair do primeiro ao segundo lugar no setor de atividade... ou do quinto ao sexto lugar? Será que sua organização poderia ser destruída pela concorrência e virar pó?

Seria possível ocorrer uma descontinuidade tecnológica com consequências desastrosas para sua empresa?

Seria possível que sua organização acabasse como um *player* tão pequeno do setor, a ponto de ser impossível gerar lucros robustos?

O que aconteceria estratégica e economicamente com sua organização se um concorrente oferecesse uma opção melhor do que sua próxima geração de produtos ou oferecesse essa opção antes de vocês?

E quais seriam as vantagens concretas? Se sua organização fosse capaz de avançar com rapidez e agilidade, quais seriam as grandes oportunidades possíveis?

Todos os líderes dão alguma atenção a essas questões. No entanto, como vimos no caso do Capítulo 3, as hierarquias focadas na gestão levam as pessoas a subestimar os riscos em um mundo que impõe um número cada vez maior de desafios estratégicos. E, por razões perfeitamente compreensíveis, elas levam as pessoas a subestimar enormemente o que está em jogo.

A MAGNITUDE DAS MUDANÇAS INTERNAS NECESSÁRIAS

Quantos colaboradores precisarão mudar o comportamento, de alguma maneira expressiva, em virtude de grandes ameaças ou oportunidades externas?

Ou quanta mudança será necessária, por parte dos gestores e dos colaboradores, porque sua empresa se comprometeu com a execução de uma nova e ousada estratégia?

Sem uma reflexão séria e livre de preconceitos, é fácil responder erroneamente a essas perguntas. As pessoas podem dizer: "Setenta pessoas do departamento de TI terão de mudar consideravelmente o que fazem, se a execução desta iniciativa estratégica tiver sucesso". Você pergunta: "Mas essas mudanças não implicarão que milhares de secretárias, especialistas e gestores de nível médio tenham de aprender a usar programas de computador diferentes, como o 'Arrfx', o 'Duddol' ou o 'Praxix', o que não é uma tarefa fácil? E não é verdade que alguns deles precisarão abrir mão de um sistema que passaram uma década usando? Muitas dessas pessoas não trabalham em locais remotos? E quantos acham mesmo que essa mudança radical na rotina deles vai ser necessária?".

Ou as pessoas podem dizer: "Nossa iniciativa de inovação vai requerer que cem colaboradores da área de desenvolvimento de produtos tenham de mudar o modo como criam novas ofertas". Você pergunta: "Mas isso não levará ao desenvolvimento de produtos que demandarão novas e diferentes ações por parte de praticamente toda a força de vendas? Essa mudança não exigirá um novo modelo, uma nova forma de pensar por parte, pelo menos, das centenas de pessoas que vendem uma importante linha de produtos?".

O problema aqui está ligado às complexas interdependências profundamente imbuídas nas organizações modernas. A está conectado com B, que está associado a C, que, por sua vez, afeta A. Um mapa de todas as relações criadas pelas interdependências costuma ter um aspecto incrivelmente complexo e confuso. Em um mundo estável, tudo isso não importa muito. B não muda, de modo que sua conexão com C é irrelevante. Mas até que ponto seu mundo é realmente estável?

Sem dedicar uma séria reflexão a essa questão, não é raro encontrar pessoas que acreditam que mudanças relativamente complexas, difíceis ou significativas podem ser necessárias por parte de apenas 10% dos colaboradores, quando 50% seria um palpite muito mais preciso. Quando a porcentagem dos colaboradores que precisam mudar seu modo de atuar, de fato, é menor que 10% ou, no máximo,

15%, quando as mudanças necessárias são claras e quando as alterações podem ser realizadas de forma incremental, ao longo de um período de três a cinco anos, em geral a organização está diante de um desafio que uma hierarquia focada na gestão pode resolver com facilidade. Quando a porcentagem é maior, as mudanças são nebulosas e vocês têm menos tempo, uma hierarquia do lado esquerdo dificilmente dará conta do recado.

SUAS EXPERIÊNCIAS RECENTES COM UMA HIERARQUIA EXPANDIDA

No último ano, se você tiver escolhido pessoas para participar de uma força-tarefa ou comitê voltado a lidar com consideráveis oportunidades ou ameaças estratégicas, como as pessoas se comportaram? Quanto tempo elas alocaram ao trabalho? Esse tempo foi suficiente?

Se o trabalho estratégico foi terceirizado para uma consultoria e se os consultores entrevistaram seus gestores e colaboradores, como seu pessoal reagiu? Quantos deles se sentiram ameaçados ou acharam que a ação não passou de um enorme desperdício de tempo e dinheiro? Como essas pessoas se comportaram durante as entrevistas e depois?

Se você nomeou executivos para atuar como "paladinos" ou "patrocinadores" do trabalho das equipes da iniciativa, quanto tempo eles alocaram a esse papel? Se os colegas deles ficaram incomodados ou se sentiram ameaçados pela mudança que o grupo tentou promover, o que o patrocinador fez?

Se a execução de uma mudança estratégica foi adequada a uma estrutura de gestão de projetos, até que ponto essa abordagem conseguiu vencer a resistência sutil das pessoas que não entenderam a mudança, não viram a necessidade dela, discordaram dela ou se sentiram ameaçadas por ela?

Em que medida o processo estratégico como um todo foi ágil o suficiente para se ajustar às novas condições? E para criar as novas iniciativas certas? E para executar os planos com rapidez suficiente?

É fácil identificar mais uma série de perguntas na mesma linha. Em geral, a diretoria executiva recebe respostas tranquilizadoras em reuniões formais de projeto ou de revisão das iniciativas... até que os problemas graves, com sérias consequências de tempo e custo, ficam claros para todos.

MUDANÇA CULTURAL

Quais são as chances de a tarefa de resolver os problemas estratégicos demandar uma considerável mudança cultural por parte da organização?

Dito de outra forma: será que o sucesso da execução de suas iniciativas estratégicas fará com que a organização mude o modo como passou vários anos operando? Será que será necessário mudar algumas normas do grupo ou hábitos individuais arraigados?

Em que medida o método de execução da estratégia da organização tem conseguido resolver o problema? Até que ponto a organização costuma ter sucesso ao promover mudanças culturais importantes, com eficácia e a tempo?

MUDANÇAS ESTRATÉGICAS QUE JÁ ESTÃO EM CURSO

Se vocês estiverem usando métodos tradicionais (forças-tarefa, equipes especializadas, consultores de estratégia e assim por diante) – ou usando esses métodos "elevados ao cubo" –, a velocidade do sucesso é adequada?

O custo dessa abordagem é aceitável, tendo em vista as pressões imediatas?

A aplicação continuada desses métodos é uma abordagem sustentável para o futuro próximo?

Se estiverem satisfeitos com suas respostas, pensem nas restrições a seguir.

Ao tentar resolver um problema estratégico específico, um sistema tradicional pode até ter um progresso adequado (pelo menos aparentemente), mas apenas por um tempo. Foi exatamente o que aconteceu no caso do Capítulo 3. Ou a execução parece estar dando certo, mas quando a iniciativa é "finalizada" , as atividades e os comportamentos começam a reverter-se para o ponto de partida.

Constatei que esse problema é mais comum do que se pode imaginar e (obviamente) muito perigoso. As consequências vão além do fracasso estratégico. Depois de um fracasso que consumiu o tempo das pessoas, atrapalhou seu trabalho do dia a dia e criou tensões adicionais, elas ficarão mais céticas e resistirão mais à mudança no futuro.

Seria bom se todas essas perguntas pudessem ser respondidas e amalgamadas com absoluta clareza e certeza. Infelizmente, isso não é possível. É preciso analisar caso a caso, com discernimento. Essa é a natureza de grande parte do que a liderança implica. No entanto, essas questões podem servir como um bom roteiro para orientar as decisões da organização.

Vi, em várias ocasiões, um líder ou um grupo de executivos abordar essas questões e concluir que o que parecia ser uma iniciativa estratégica de uma classe com a qual eles lidaram muitas vezes bem no passado na verdade era de uma condição consideravelmente diferente. Em alguns casos, essa conclusão foi a mais importante a que chegaram, naquele período.

Também vi grupos que constataram que nem suas melhores respostas a essas perguntas conseguiam esclarecer se eles tinham ou não cruzado a fronteira para entrar em um novo território. Isso leva a uma questão óbvia: é melhor presumir que a fronteira foi cruzada, ou está em vias de sê-lo, ou pressupor que vocês ainda estão vivendo no mundo mais lento e estável do passado?

SOBRE O AUTOR

JOHN P. KOTTER, autor de vários livros integrantes da lista dos mais vendidos do *New York Times*, é também um líder intelectual premiado de negócios e gestão, empreendedor, palestrante inspirador e professor da Harvard Business School.

Kotter passou a integrar o corpo docente da Harvard Business School em 1972. Em 1980, aos 33 anos, tornou-se professor titular, a pessoa mais jovem a receber uma cadeira efetiva na Harvard Business School. Nos últimos trinta anos, seus artigos na *Harvard Business Review* tiveram milhões de reimpressões. Seu artigo *Acelere!*, publicado na HBR, venceu o Prêmio McKinsey Award de 2012 dos conceitos mais práticos e revolucionários do mundo em negócios e gestão.

Autor de dezenove livros até o momento, doze foram *best-sellers*. Seu livro mais popular, *Nosso iceberg está derreten-*

do, foi publicado em 2006. O livro, que integrou a lista do *New York Times,* apresentou ao público geral a "filosofia de oito passos" de sua consultoria, a Kotter International. Outros livros que fizeram grande sucesso são *Sense of urgency, O coração da mudança e Liderando mudanças* – este último, eleito pela revista *Time*, em 2011, como um dos 25 livros de gestão empresarial mais influentes já escritos.

Para complementar seus livros e expandir suas ideias, Kotter lançou vários vídeos, a maioria deles disponível no YouTube. Seu vídeo *Succeeding in a Changing World* foi eleito o melhor vídeo de treinamento do ano pela *Training Media Review*, além de ganhar um Telly Award.

Sua maior empreitada, em décadas, tem sido ajudar a lançar a Kotter International, e sua nova estirpe de consultores de estratégia em rápido crescimento, desenvolvida com base em sua obra premiada.

É pai de dois filhos e mora em Cambridge, Massachusetts, com a esposa, Nancy Dearman.

Para saber mais sobre o trabalho de John Kotter e da Kotter Internacional, visite <www.kotterinternational.com>.

Empresas Feitas para Vencer
Jim Collins

Considerado, pela *Time Magazine*, um dos livros de negócios mais importantes de todos os tempos, esta obra seminal de Jim Collins responde a seguinte pergunta: Como empresas boas, medianas e até ruins podem atingir uma qualidade duradoura?

Empresas feitas para vencer mostra como as grandes empresas triunfam no decorrer do tempo e como o desempenho sustentável a longo prazo pode ser inserido no DNA de uma organização desde sua concepção. Collins apresenta exemplos que desafiam a lógica e transformam a mediocridade em superioridade duradoura. O autor apresenta também quais são as características universais que levam uma empresa a se tornar excelente e outras, não.

Os resultados do estudo irão surpreender muitos leitores e lançar novas abordagens sobre quase todas as áreas da gestão.

Abundância: o futuro é melhor do que você imagina
Peter Diamandis e Steven Kotler

A abundância universal está ao nosso alcance e os autores deste livro o provam com dúzias de inovações e empreendedores que dão passos largos em várias áreas: Dean Kamen e sua tecnologia Slingshot, que transforma água poluída ou salgada, e até mesmo esgoto, em água potável de alta qualidade por menos de um centavo por litro; o Qualcomm Tricorder X PRIZE, que promete um equipamento médico portátil, de baixo custo, para que as pessoas possam se autodiagnosticar melhor que uma junta de doutores diplomados; Dickson Despommier, com suas fazendas verticais, que substituem a agricultura tradicional por um sistema que usa 80% menos de área cultivada, 90% menos de água, 100% menos pesticidas, além de custo zero de transporte. A explicação para a abundância está em quatro forças emergentes – tecnologias exponenciais, inovadores que seguem a filosofia "faça você mesmo", tecnofilantropos e o bilhão ascendente. Este livro, antídoto contra o pessimismo atual, é do que você precisa para fazer seu negócio decolar.

Oportunidades Exponenciais — Bold
Peter Diamandis e Steven Kotler

Este livro é um manifesto e um manual para o empreendedor exponencial – qualquer um interessado em crescer, criar riqueza e impactar o mundo. Ensina a acelerar tecnologias, pensar em larga escala e usar ferramentas acionadas pela multidão.

Se você é empreendedor, aumentará seriamente suas habilidades e ambições, não se limitando ao mercado dos joguinhos e aplicativos móveis e sim causar impacto global. Se você atua em uma grande e pesadona empresa, vai lhe dar uma visão sobre a nova concorrência (os empreendedores exponenciais e não as grandes e pesadas multinacionais) e mostrar como ela pensa e age. Além disso, as mesmas oportunidades exponenciais – tanto as tecnologias em si como as estratégias psicológicas e organizacionais para maximizá-las – existem igualmente para empreendedores solo e para grandes companhias. Entenda: o modo mais fácil de se tornar bilionário é resolver um problema que aflige um bilhão de pessoas.

Capitalismo Consciente
John Mackey e Raj Sisodia

O que empresas como Google, Southwest Airlines, Whole Foods Market, Patagonia e UPS tem em comum? Todas elas incorporam em sua gestão alguns aspectos construtivos e promissores do capitalismo, atuando de maneira a criar valor não só para si mesmas, mas também para seus clientes, funcionários, fornecedores, investidores, a comunidade e o meio ambiente.

Criadores do movimento do Capitalismo Consciente, os autores explicam como algumas empresas aplicam os princípios deste movimento inovador na construção de estruturas sólidas e lucrativas.

O livro oferece uma defesa ardorosa e uma redefinição consistente do capitalismo de livre-iniciativa, em uma análise valiosa tanto para os profissionais como para as empresas que apostam em um futuro mais cooperativo e mais humano.